Stadtrundgang

Erfurt im Nationalsozialismus

von Franca Schneider

Impressum:

Franca Schneider Kunstverlag e.K.
Konrad-Zuse-Str. 3
99099 Erfurt
Francaschneider79@gmail.com
HRA 3008 AG Jena
Str.-Nr. 151/270/00732

© 2023 Franca Schneider
Erstausgabe, 1. Auflage 2023
Alle Rechte vorbehalten

Herstellung und Verlag:
BoD – Books on Demand, Norderstedt
Printed in Germany
Umschlag und Satz:
Franca Schneider Kunstverlag e.K., Erfurt

ISBN 978–3–7583–3072–8

Inhaltsverzeichnis

Einleitung

Die NS-Geschichte wird heute nicht tabuisiert, da es eine juristische Verpflichtung gibt, zu den Vorgängen und Tätern des Dritten Reichs Untersuchungen von Personen die eine Ausbildung und Studium im Bereich der Geschichts-, Rechts- und Staatswissenschaften durchzuführen. Es finden öffentliche Debatten statt, seit 1997 ist der 27. Januar offizieller Gedenktag zur Befreiung des Vernichtungslagers Auschwitz, in Berlin beginnt der Bau für das nationale Denkmal für die ermordeten Juden Europas. Der Bezug zur NS-Geschichte erfolgt teilweise offensiv, z. B. wurde der NATO-Krieg gegen Jugoslawien von deutscher Seite mit Verweis auf Auschwitz gerechtfertigt. In Erfurt wurde im November 1998 die Begegnungsstätte Kleine Synagoge eröffnet und seit einigen Jahren werden ehemalige jüdische BürgerInnen der Stadt von dieser eingeladen. Dennoch ist der Nationalsozialismus ein Problem der Geschichts- und Stadtgeschichtsschreibung. Dieter Rebentisch bringt es auf den Punkt, wenn er schreibt: „Von Hitler reden oder die Verbrechen des Dritten Reiches und das Phänomen des ‚Faschismus‘ verurteilen, fällt im allgemeinen verhältnismäßig leicht, weil es sich letztlich um abstrakte Größen handelt. Je intensiver jedoch die Betrachtung der nationalsozialistischen Vergangenheit die persönlichen Lebensbereiche und die eigene Biographie berührt, um so schwieriger wird ihre Darstellung. Nicht zufällig neigen selbst große mehrbändige Stadtgeschichten dazu, die umstrittene Epoche nur marginal zu streifen und damit das überhaupt zentrale Problem der neueren deutschen Geschichte aus dem Bewußtsein zu verdrängen, obgleich die politische Existenz und das Selbstverständnis der jetzt lebenden Generationen noch für absehbare Zeiten entscheidend davon bestimmt werden." Was Rebentisch für die westdeutschen Umgang mit Stadtgeschichte im Jahr 1981 sagte, gilt fast ebenso für die Stadt Erfurt im Jahre 2001. In den neuen großen Buchhäusern in der Erfurter Innenstadt findet man beispielsweise umfangreiche Text- und Bildbänder zur Stadtgeschichte. Und man findet darin nur sehr wenige Informationen zur Zeit des Nationalsozialismus. In einigen Büchern gibt es gesonderte Kapitel zur Zeit 1933 – 1945, die den Eindruck vermitteln, man habe es mit einem Sonderkapitel ohne

Vor- und Nachgeschichte zu tun. In einigen Büchern findet eine moralische Verurteilung statt, die alle Zusammenhänge im Dunkeln beläßt. Und in einigen Büchern findet der Nationalsozialismus schlicht gar nicht statt. Die Internet-Chronik der Stadt hat zwar ein Kapitel „Im Zeichen des Hakenkreuzes", dort aber erfährt man – mit Ausnahme der Zerstörung der Synagoge am 9. November 1938 – nur etwas über das Leiden der Stadtbevölkerung – die Bombenangriffe – nicht über ihre Taten. Viele öffentliche Erklärungen begünstigen mit ihrer Zentrierung auf die Opfer ein Geschichtsbild, das die Verantwortlichkeit für die deutsche Geschichte pauschal „den Nationalsozialisten" oder „dem Regime" und damit anonymen Mächten anlastet. Aber wer war „das Regime" in Erfurt und wie hat es funktioniert? Einige ForscherInnen und AutorInnen widmen sich dieser Frage, auch in Erfurt. Auf ihre Arbeit und Quellen können wir uns in diesem Stadtrundgang teilweise stützen. Erfurt ist besonders interessant, da es Hauptstadt des neuen Dritten Reichs nach dem Krieg werden sollte, weshalb umfangreiche Umbaumassnahmen in der Innenstadt geplant waren. Hitler hatte in einigen Städten gewaltige Änderungen im Umbau geplant, so z.B. auch in Linz in Österreich, was sein Alterswohnsitz und Ort seines Grabes werden sollte. Hier sehen wir uns aber nur die regionale Hochburg Erfurt an.

Überblick zu Stadtplanung und Bauten 1933-45 in Erfurt

Die Architektur ist enger als andere Kunstsparten mit Gesellschafts- und Politikgeschichte verbunden. Sie dient der Repräsentation, Inszenierung und Legitimation bestehender Verhältnisse. Das gilt natürlich für alle Zeiten und ist keine Besonderheit der Architektur im Dritten Reich. Zu dem wenigen, was wirklich spezifisch ist für das damalige Planen und Bauen, gehören sicher die maßlosen Übertreibungen. Hier zeigt sich die Architektur als Spiegel ihrer Zeit. „Hitler, der sich als verhinderter Baumeister" fühlte, wollte aus Berlin nichts Geringeres als die „Welthauptstadt Germania" machen. München sollte zur „Stadt der Bewegung" und Nürnberg zur „Stadt der Parteitage" umgebaut werden. Allerdings ist dann Erfurt, erstmal nur theoretisch, zur Hauptstadt des Deutschen

Dritten Reiches aufgerutscht und eingeplant worden. Das 1937 erlassene Gesetz zur „Neugestaltung deutscher Städte" bot die rechtliche Grundlage für die Planung und Durchführung der meist mit erheblichen Abrissen verbundenen Stadtumgestaltungen. 1942 lagen in cirka 40 Städten derartige Planungen vor bzw. befanden sich bereits in der Ausführung. Oft nahmen sie sich die Reichhauptstadt zum Vorbild und übertrugen deren markante Planungselemente auf die jeweilige städtebauliche Situation. Politiker und Stadtplaner größerer Städte wetteiferten bei der Dimensionierung breiter, für Aufmärsche geeigneter Magistralen oder Ringstraßen, die sie über die Stadtpläne legten. In den Gauhauptstädten waren die sogenannten Gauforen „Mittelpunkt aller städtebaulichen Überlegungen". Sie hatten in der Regel den Sitz des Reichsstatthalters, die Bauten der NSDAP, eine Gauhalle, einen Kundgebungsplatz und einen Glockenturm zu vereinen. Die großspurigen Projekte entstanden häufig „fernab jeglicher Realisierungsmöglichkeiten". Das Zurückbleiben des Baugeschehens hinter den Verlautbarungen ist im Übrigen auch typisch für alle andere Bereiche des Bauens des „größenwahnsinnigen Reichs". In der thüringischen Landes- und Gauhauptstadt Weimar begann man sehr früh mit dem Bau eines solchen Gebäudekomplexes (1936), so daß dort bis 1945 wesentliche Teile fertiggestellt waren. Die für die NS-Repräsentationsbauten typische Monumentalarchitektur äußerte sich in dieser Wucht und Eindinglichkeit kein zweites Mal in Thüringen. Vergleichsweise bescheiden stellt sich das „Behördenhaus" dar, das der preußische Staat hier (in Erfurt) errichtete. Als preußische (Regierungs-)Bezirksstadt stand die Großstadt vor allem seit der thüringischen Landesgründung 1920 im Schatten Weimars. Obwohl es nicht an Eingliederungsbemühungen des NSDAP-Gauleiters und Reichsstatthaltes Fritz Sauckels mangelte, blieb Erfurt in preußischer Hand. Bereits 1933 hatte Hermann Göring, der preußische Ministerpräsident, in Erfurt klar gestellt, daß er „kein Fußbreit preußischen Bodens abtreten werde." Vor dem

Hintergrund dieser Rivalität zwischen Preußen und Thüringen mußte der Bau des „Behördenhauses" 1936-39 fast zwangsläufig zu einer Manifestation des preußischen Machanspruchs in Erfurt werden. Klaus-Jürgen Winkler hat belegt, daß sich die in Berlin und Erfurt arbeitenden Architekten an den Bauten von Friedrich Gilly, Heinrich Gentz, Karl Friedrich Schinkel u.a. orientierten. Das Äußere besticht, dem Stilvorbild entsprechend, durch seine kräftige horizontale Zonierung und die wuchtige Pfeilerhalle in der Mittelachse. Die bis ins Detail verfolgten „Formen eines strengen Klassizismus' verleihen „der Komposition ... [so Winkler] eine ernste Monumentalität." Das Gebäude, das nur den ersten Bauabschnitt eines wesentlich größeren vierflügeligen Komplexes darstellt, wurde an ein einem Standort errichtet, der schon in den 20er Jahren für die Anlage eines sogenannten Verwaltungsforums ausgewählt worden war und nach 1933 weiterentwickelt werden sollte. Die Oberpostdirektion (1929/30, auf der Ostseite des Beethovenplatzes) und dem „Behördenhaus-Komplex" sollte ursprünglich als südlicher Abschluß ein Stadthallenbau folgen. Das ehrgeizige Vorhaben der Stadtverwaltung ließ sich gut in die auf ‚Gemeinschaft' fixierte Propaganda einbeziehen. Viele Jahre verharrte das Stadthallenprojekt im Planungsstadium, bis es 1939 mit dem Baubeginn der „Thüringenhalle" durch das Bürgerschützenkorps obsolet geworden war. Der Bau eines geradezu gigantisch anmutenden Reichbahndirektionsgebäude wurde zwar zu Anfang der 40er Jahre begonnen, kam aber nicht über die Keller hinaus. Ein Blick auf die Standorte der wenigen verwirklichten Repräsentationsbauten aus dem Nationalsozialismus (das Behördenhaus, das „Justizgebäude" - heute Polizei - in der Andreasstraße, aber auch die Wohnbebauung, hier an der Arnstädter Straße) lassen schnell eine Hauptidee der damaligen Stadtplanung deutlich werden. Gemeint ist die sogenannte Nord-Süd-Magistrale, die einerseits eine natürliche und mit dem Autobahnbau sich noch mehr aufdrängende Verkehrsachse für Erfurt war, sich aber andererseits mit den für sie erdachten Bauprojekten als zeittypische Achsenplanung a la Berlin und anderen Städten zu erkennen gab. Hierzu gehörte neben dem erwähnten „Justizgebäude" in der Andreasstraße, die Bebauung der Domplatz-Nordseite, ein Verwaltungsgebäude an dem zum Platz des SA umbenannten Hirschgarten (an der Stelle des späteren „Schiffshebewerks") und die beidseitige Bebauung der stadteinwärtsführenden Hindenburgstraße einschließlich eines gebührenden Pendants für das Behördenhaus. Tatsächlich blieb das Behördenhaus bis in die 50er Jahre das einzige Gebäude in diesem Straßenabschnitt. Erst durch den Bau des „Haus der Jugend", des Kali-Verwaltungsgebäude und der „Wohnbebauung Tscheikowskistraße" wurden die Lücken zum bebauten Stadtbereich mit neuen Bauplänen geschlossen. Andere Teile der Achsenplanung haben dagegen nach 1945 durchaus ihre Gültigkeit behalten: so z.B. das Projekt für die Domplatzbebauung oder das des Verwaltungsgebäudes an der Joh.-Sebastian-Bach-Straße. Beide wurden in der zweiten Hälfte der 40er Jahre von der Stadtverwaltung als Beispiele für das Erweiterungspotential der Stadt präsentiert. Noch nicht vorhandene neue Konzepte waren hier sicherlich ein Grund, andererseits sind aber auch ‚personelle Kontinuitäten' in der Verwaltung nicht zu übersehen. In das Behördenhaus, damals Hindenburgstraße 7, zog 1939 nur ein Teil des preußischen Regierungspräsidiums ein. Wichtige Abteilungen und der Regierungspräsident Dr. Weber selbst ‚residierten' weiterhin in der ehem. Kurmainzischen Statthalterei (Regierungsstraße 73). Im Behördenhaus war neben der „Landwirtschafts-Abteilung" u.a. die „Staatspolizeistelle Erfurt" untergebracht.

Politische Verhältnisse in Erfurt und der Aufstieg der NSDAP

Die Wahlen von 1919

Sowohl bei den Wahlen zur Nationalversammlung als auch zur Stadtverordnetenversammlung läßt sich eine breite Zustimmung zur neuen Republik ausmachen. Auf Seiten der Arbeiterparteien wurde die USPD bei allen drei Wahlen des Jahres 1919 klar stärkste Partei und erhielt stets über 37% der Stimmen, die Mehrheitssozialdemokraten blieben in Erfurt fast die ganze Weimarer Republik über in der Minderheit und kamen bei den ersten Wahlen auf Werte zwischen 15 und 21%. Mit 31 von 60 Sitzen hatten die Arbeiterparteien eine hauchdünne Mehrheit in der ersten Stadtverordnetenversammlung. Im bürgerlichen Lager wurde die linksliberale und reformorientierte DDP mit jeweils über 20% im ersten Wahljahr die stärkste Kraft. Insgesamt zeigten sich also über 2/3 der Erfurter und auch die erstmals wahrberechtigten Erfurterinnen mit den politischen Veränderungen einverstanden.

Die Wahlen von 1924

1924 kam es zu einem Sieg der bürgerlichen Parteien. Zentrum, DDP und DVP hatten sich zur "Bürgerlichen Vereinigung" (BV) zusammengeschlossen, die allerdings nur 15% und damit 8 Sitze auf sich vereinigen konnte, später kam die DNVP mit ihren 7 Sitzen noch hinzu. Die bürgerlichen Traditionsparteien hatten damit nur 15 Sitze von 51 Sitzen errungen. Innerhalb der Bürgerparteien war es zu einer Rechtsverschiebung gekommen, die linksliberale DDP war von ihren ehemals über 20% bei der im gleichen Jahr stattfindenden Reichstagswahl auf 3,9% abgesunken, diese Wähler stimmten nun für die die Republik sehr viel skeptischer betrachtenden bürgerlichen Rechtsparteien. Das sozialistische hatte sich fast halbiert und erhielt insgesamt ebenfalls 15 Sitze, wobei die KPD mit 20% und 10 Sitzen die stärkste Fraktion von allen stellte. Auffallendstes Ergebnis der Wahl von 1924 ist die Tatsache, daß viele Erfurterinnen und Erfurter sich von den alten Parteien abwanden, denn der erkleckliche Rest der Stimmen entfiel auf lokale Vereinigungen wie die "Volkswohlfahrt", in der sich der Mieterverein engagierte, die "Wirtschaftsliste Ullrich", die überwiegend aus dem Hausbesitzerverein bestand, die "Arbeitnehmerpartei" sowie den "Berufstätigen Frauen", die sich nach der Wahl der BV anschlossen. Der "Völkisch-Soziale Block" erhielt mit knapp 10% fünf Sitze, und errang damit einen ersten Achtungserfolg für die Völkischen.

Der Durchbruch der NSDAP 1929-1933

Gelang der NSDAP in vielen Regionen Deutschlands schon 1929 der Durchbruch, so kam sie in Erfurt bei den Stadtverordnetenwahlen vom 17.11.1929 nur auf magere 3,3% und einen Sitz. Ursache dafür war das Auftreten des politischen 'Entfants terribles' Adolf Schmalix, der mit seiner Großdeutschen Volkspartei mit 10 Sitzen die stärkste Fraktion stellte und im Wahlkampf neben seinen antisemitischen Äußerungen vor allem durch sein provokantes Auftreten gegen das lokale politische Establishment aufgefallen war (vgl. Ronald Barnabas Schill). Schmalix stellte mit seiner völkischen und extrem antisemitischen Lokalpartei, die vor allem für bestimmte Teile des Kleinbürgertums attraktiv war, reichsweit keinen Einzelfall dar, auch wenn die lokale Presse wie etwa das führende bürgerliche Blatt TAZ unter der Überschrift "Erfurt begeht moralischen Selbstmord" die Besonderheit der Erfurter Wahl betonte. In Erfurt stellten sich sowohl die Arbeiterparteien als auch die bürgerliche Elite gegen Schmalix, der seine Wählerinnen und Wähler zum einen von den traditionellen Bürgerparteien, zum anderen aus dem Kreis der lokalen Interessenvertretung erhielt. Festzuhalten bleibt, daß nicht erst die (wirtschaftlichen)

Krisenphase von 1930-33 Auslöser für die Wählerwanderungen nach rechts darstellte, sondern das Feld für die NSDAP bereits vorher bestellt war. Von einer Zustimmung zu einer linksliberalen, zur Zusammenarbeit mit der SPD bereiten, bürgerlichen Politik, wie es das Wahlergebnis von 1919 widerspiegelte, verschoben sich die Gewichte auf Seiten der bürgerlichen Wähler weiter nach rechts. Nach der Wahl büßte Schmalix jedoch rasch große Teile seiner Popularität ein, da er einerseits hauptsächlich durch politische Skandale in Erscheinung trat, andererseits seine radikaloppositionelle Haltung in einigen Kernpunkten seines Programms aufgab (Beispiel: Warenhausfrage, in der er eine kommunale Sondersteuer für die großen Kaufhäuser gefordert hatte), und so für bestimmte (Protest-)Wählerkreise an Attraktivität verlor. Hitler und die NSDAP erschienen zunehmend als die konsequentere Option. Ungeachtet der programmatischen Nähe gab es eine gegenseitige scharfe Abgrenzung von Schmalix und der NSDAP, denn beide beanspruchten das völkisch-nationalistische Alleinvertretungsmonopol für sich. Trotz dieser Abgrenzung kann Schmalix als Wegbereiter der NSDAP angesehen werden. Der Niedergang der 'Schmalix-Partei' zeigte sich bereits bei den Reichstagswahlen von 1930, bei der sie vergeblich versuchte, überregional anzutreten, doch selbst in Erfurt nur noch 3% erhielt. Erstmals konnte die NSDAP mit knapp 17% einen nennenswerten Wahlerfolg in der Stadt erzielen, wenngleich die äußerste Rechte zusammengenommen sogar leicht verlor und die NSDAP hinter den Ergebnissen in der Region (Weimar: 28%, Gotha 25%) zurückblieb. Insgesamt blieb das klassische Parteienspektrum in Erfurt bei der Reichstagswahl 1930 noch einmal weitgehend erhalten.

Soziales Fundament und gesellschaftliche Position der NSDAP

Trotz des beachtlichen Stimmenanteils bei den Wahlen 1930 blieb die organisatorische Basis der NSDAP bis zur Machterlangung in Erfurt relativ schwach. Sie rekrutierte sich im Wesentlichen aus dem sozial bedrohten Mittelstand, der vorher durch die lokalen Interessenparteien politisch repräsentiert worden war. Kleine und mittlere Angestellte sowie Beamte mit einem Schwerpunkt bei Post und Bahn gehörten zum Klientel der Nazis. Die Partei zählte jedoch trotz des Wahrerfolges im September 1930 in Erfurt nur rund 150 Mitglieder, und damit in etwas soviel wie in der Kleinstadt Apolda. Im Gegensatz zu anderen Städten gelang es ihr in Erfurt auch nicht, konservative Persönlichkeiten des städtischen Lebens für sich einzunehmen. Wichtige Positionen in Politik und Vereinsleben blieben in der Hand der alten, schon im Kaiserreich bestimmenden bürgerlichen Honoratioren, deren Spektrum von der liberalen DDP bis zur DNVP reichte und die verschiedene Interessensgruppen des Wirtschafts- und Bildungsbürgertums vertraten. Zwar war es seit 1924 zu einer Abspaltung mittelständischer Interessensgruppen gekommen, die sich durch die Interessenparteien vertreten ließen. Doch diese wurden im Unterschied zur NSDAP immer noch von 'ehrbaren Bürgern' geführt, die sich trotz ökonomischer Differenzen in einem bürgerlichen Grundkonsens mit den etablierten Parteien und ihren Vertretern befanden. Die Etablierung von Vorfeldorganisationen wie dem NSBO oder anderen Vereinen mißlang mit Ausnahme der SA weitgehend, es kam auch zu keinem nennenswerten Vordringen in das sozialistische Arbeitermilieu. Auch auf propagandistisch-organisatorischer Ebene zeigte sich die Schwäche der 'Bewegung' in der Stadt. So gelang es ihr trotz des pluralen Pressespektrums in Erfurt bis 1933 nicht, eine eigene Tages- oder Wochenzeitung zu etablieren. Die Stadtverordnetenversammlung konnte ihr ebenfalls nicht als propagandistische Plattform dienen, da sie dort nur mit einem Abgeordneten vertreten war. Redner für publikumswirksame Versammlungen mußten von außen geholt werden (Frick, Sauckel, auch Goebbels). Durch die reale Machtlosigkeit fiel auch der 'Faktor Karriere' in Erfurt weg, der im benachbarten Thüringen durchaus zu Übertritten aus dem bürgerlichen Lager geführt hatte, eine Parteimitgliedschaft war bis zum 'Preußenschlag' im Juli 1932 eher hinderlich, denn die preußische Regierung ging gegen die NSDAP und ihre Organisationen mit Verboten vor (Redeverbot für Hitler und andere Nazigrößen).

Diskreditierung der bürgerlichen Rechtsparteien – der Youngplan

Der Aufstieg der NSDAP ist weniger im lokalen, als vielmehr im nationalen und internationalen Rahmen begründet. Vor allem die Kampagne gegen den Young-Plan und die Ermordung des Außenministers Stresemanns führten zu einer Polarisierung im bürgerlichen Lager. Die gemeinsam mit der NSDAP geforderte und polemisch vorgetragene Ablehnung des Youngplans durch die Rechtsparteien spaltete sie von den rechtsliberalen Kreisen ab, die mit ihrer widerwilligen Zustimmung erneut Teile ihrer Anhängerschaft verloren. Vorfeldorganisationen wie der Stahlhelm warfen ihr ganzen Gewicht für ein Volksbegehren gegen den Youngplan in die Waagschale. In Ihren Veranstaltungen – etwa am 29. September 1929 auf dem Friedrich-Wilhelm-Platz mit Fackelzug und Feldgottesdienst – wurden neben der Beschwörung der Nation vor allem an die Proletarisierungsängste des Mittelstandes appelliert. Zentrale Bedeutung kommt der Kampagne gegen den Youngplan deshalb zu, weil die NSDAP von den anderen beteiligten Organisatoren erstmals als gleichwertiger Partner anerkannt wurde – ein nicht zu unterschätzender Prestigegewinn. Zudem ermöglichten die gemeinsamen Veranstaltungen (zentrale

Kundgebung am 23.10.1929 im Alten Ratskeller) , die weitestgehend von den anderen Organisationen bezahlt wurden, den Nationalsozialisten, breitere Bevölkerungsschichten zu erreichen. Es stellte sich heraus, daß die einzige Gewinnerin der Anti-Youngplan-Kampagne die NSDAP war. Auf Kosten von DVP und DNVP konnte sich als 'unverbrauchte' und nicht in das 'System vom Weimar' verstrickte Alternative präsentieren. In der Folgezeit versuchte die lokale DNVP darauf zu reagieren, indem sie sich wieder stärker von den Nazis abgrenzte und die Vorbehalte des alten Bürgertums gegen den wildgewordenen Mittelstand aktivierte. Dennoch konnte die breitere Akzeptanz der NSDAP auch im Erfurter Bürgertum als ein Ergebnis der Kampagne gegen den Youngplan nicht mehr rückgängig gemacht werden.

Die SA als antikommunistische 'Bürgerwehr'
Mit Verschärfung der Lage gerieten die Kommunisten zunehmend wieder in die das Bürgertum einende Rolle der 'roten Gefahr', die sie bereits Anfang der 20er Jahre innehatten. Die SA bot sich als 'Bürgerwehr' an, die den Kommunisten Paroli bot – nicht selten in blutigen Saal- und Straßenschlachten. Waffenfunde bei Erfurter KPD-Mitgliedern verstärkten das selektive Wahrnehmungmuster der Kommunisten als Aggressor. Die mindestens genauso brutal agierende SA wurde nicht zuletzt durch die entsprechende Presseberichterstattung als defensiv empfunden, was sich auch in den milden Urteilen der Justiz und dem teilweise parteiischen Vorgehen der Polizei niederschlug. In gewissem Widerspruch dazu stand die aggressive Vorgehensweise der NSDAP seit 1931, die auf die Eroberung der Straße abzielte. Mit provokanten Umzügen durch Erfurts Norden konnte sie sich gegen die gewalttätigen Kommunisten profilieren. Die anderen rechten Organisationen einschließlich des Stahlhelms erscheinen vielen zunehmend als zu passiv, die liberalen Parteien und Organisationen wie

die DDP waren in der Bedeutungslosigkeit versunken (Die DDP erhielt bei den Reichstagswahlen 1932 in Erfurt weniger als 1% der Stimmen)

Weltwirtschaftskrise und Agonie der kommunalen Selbstverwaltung

Die Weltwirtschaftskrise schlug sich auch in Erfurt stark nieder und führte zu einer stetigen Zahl von Arbeitslosen: Waren im Sommer 1929 rund 6.000 Menschen arbeitslos gemeldet, waren es im Sommer 1930 bereits knapp 9.000 Personen. 1931 stieg die Zahl auf rund 14.000 Beschäftigungslose, den Höhepunkt erreichte sie im Sommer 1932, als die Quote mit rund 20.000 Arbeitslosen auf 36,5% anstieg. Ende des gleichen Jahres konnten 43.000 Personen und damit 30% der Gesamtbevölkerung der Stadt ihren Lebensunterhalt nur durch öffentliche Zuwendungen sichern, die jedoch sehr spärlich ausfiel. Neben der Industrie war auch der Mittelstand betroffen. Brünings Deflationspolitik brachte zudem eine Schlechterstellung der Beamten mit sich. Eines der lokalen Symbole für den Niedergang war die 1932 verfügte Schließung der Pädagogischen Akademie, die erst 1929 errichtet worden war und von dem sich die Bürgerschaft viel, nicht zuletzt ein Anknüpfen an die alte Erfurter Hochschultradition, erhofft hatte. Selbst das Stadttheater als kulturelles Flaggschiff stand auf dem finanziellen Prüfstand. Die psychologischen Auswirkungen dieser sozioökonomischen Krise gepaart mit der vermeintlichen Tatenlosigkeit des 'Weimarer Systems' führten zu einer Hinwendung breiter Schichten zur NSDAP. Die Krise hatte auch Auswirkungen auf die Kommunalpolitik, die in zunehmendem Maße von Steuerausfällen und steigenden Wohlfahrtsausgaben bestimmt wurde. Die unterschiedlichen Interessen im Bürgerblock kamen nun stärker zum Vorschein und verhinderten trotz der sich zuspitzenden Lage eine erneute Einigung der bürgerlichen Parteien. Im Juni 1931 betrug das städtische Defizit bereits 2 Millionen Reichsmark, nachdem man 1930 letztmalig einen ausgeglichenen Haushalt vorlegen konnte. Die unvermeidlichen drastischen Steuererhöhungen bedingt durch die preußische Sparverordnung wurde von vielen als Verlust der kommunalen Selbstverwaltung empfunden. Die lokalen Honoratioren und ihre Organisationen verloren an Boden, sie versuchten vergeblich durch das Appellieren an alte bürgerliche Werte den Vormarsch der NSDAP einzudämmen. Die Stimmung schlug auch in Erfurt zugunsten des 'Retters Hitler' um. Zudem lassen sich in der zunehmenden Begeisterung für die Nationalsozialisten deutliche Generationenunterschiede erkennen. Vor allem jugendliche Angehörige des Mittelstandes, aber auch aus gutbürgerlichen Kreisen, fanden hier eine über das Politische hinausgehende Bewegung, die Ihnen ein umfassendes Gemeinschaftsgefühl bot und für die Zeit nach der Machterlangung ein Aufgehen in der Volksgemeinschaft versprach.

Wechsel der politischen Elite
Im Vergleich zu Region und Reich zeitlich leicht verzögert, wurde die NSDAP auch in Erfurt zu einer Massenbewegung. Sie entfaltete in den letzten Jahren der Republik mit tatkräftiger Unterstützung von außen einen ungeheuren Aktionismus mit zahlreichen Versammlungen, Demonstrationen und Kundgebungen, deren wichtigste neben dem Besuch des offen für die NSDAP eintretenden Hohenzollernprinzen August Wilhelm im April 1932 Hitlers erster Besuch in der Stadt am 26. Juli 1932 im Rahmen seines Deutschlandfluges war. Die Beteiligung von über 60.000 Menschen in der Mitteldeutschen Kampfbahn dokumentiert die Begeisterung, die mittlerweile breite Kreise erfaßt hatte. Generell war die Kritik an den Nationalsozialisten in der bürgerlichen Presse leiser geworden, in grundlegenden Fragen stimmte man mit Hitler überein. Wie weit die

Wählerschichten sich 1932 bereits nach rechts gewandt hatten zeigen die Präsidentenwahlen, bei denen Hitler in Erfurt trotz eines von vielen bürgerlichern Prominenten der Stadt getragenen Wahlaufrufes für Hindenburg und im Gegensatz zum reichsweiten Ausgang die relative Mehrheit gewann. Berücksichtigt man noch die Tatsache, daß die SPD-Wählerschaft überwiegend für Hindenburg gestimmt haben dürfte, fällt die Präferenz des bürgerlichen Lagers für Hitler noch eindeutiger aus, und das ungeachtet des hohen Ansehens, das Hindenburg als Person gerade im Bürgertum noch immer genoß. Die etablierte lokale Führungsschicht hatte ihre Anhängerschaft weitestgehend verloren. Zwar kam es bei der Novemberwahl 1932 noch einmal zu einer gewissen Wählerwanderung von der NSDAP hin zur DNVP, doch dies stellte nur ein retardierendes Moment auf dem Weg der Nationalsozialisten zur Machtübertragung dar. Zudem war die DNVP mittlerweile von einer demokratischen Partei weit entfernt und forderte ebenfalls unverhohlen die nationale Diktatur und ein Ende von 'Parlamentarismus und Bonzenherrschaft'. Im Reichstag besaßen NSDAP und KPD durch den Wahlausgang eine Sperrmajorität, wodurch eine parlamentarische Regierungsbildung verunmöglicht wurde. Als Hitler schließlich am 30. Januar 1933 zum Reichskanzler ernannt worden war, wurde dies von großen Teilen des Erfurter Bürgertums und auch von großen Teilen der Honoratiorenschaft freudig und erwartungsvoll begrüßt. Während die kleinbürgerlichen Kreise auf eine Umsetzung des nationalsozialistischen Programms glaubten, hoffte die bürgerliche Führungsschicht auf ein starkes konservatives Element und die Abnutzung der NSDAP.

Bürgerliches Milieu nach 1933
Ein nationales Weltbild und eine Frontstellung gegen das sozialistische Lager ließen weite Teile des Bürgertums ebenso hinter der NS-Politik stehen wie die Kulturpolitik, die mit der

nur von einer Minderheit getragenen modernen Kunst Schluß zu machen versprach. Die Militarisierung der Gesellschaft, besonders durch die Einführung der Wehrpflicht 1935, wurden allseits freudig begrüßt, sah man darin doch einerseits eine Anknüpfung an wilhelminische Traditionen und die Wiedererlangen nationaler Souveränität, andererseits profitierte gerade Erfurts Bekleidungs- und die zunehmend entstehende Rüstungsindustrie in besonderem Maße davon. Auch hoffte man, in der neuen 'Volksgemeinschaft' seinen angestammten Platz einnehmen zu können. Nur vereinzelt wurde Widerspruch gegen die Neuerungen im Vereinsleben und auf der kommunalpolitischen Ebene laut. Auf politischer Ebene ging die Entmachtung der alten Eliten besonders schnell vonstatten. Hatte der parteilose OB Dr. Bruno Mann in seiner Eröffnungsrede des Kommunalparlamentes die Machterlangung Hitlers noch begrüßt, so zwangen ihn die Nazis schon im Mai 1933 zum Rücktritt. Einige Fachleute von früher, wie der Stadtoberbaurat Boegl oder der Stadtkämmerer Kleemann (die im übrigen beide zu den 'Märzgefallenen' zählten) wurden aufgrund ihrer Fachkompetenz übernommen, ansonsten versuchte man jedoch, seine eigenen Leute durchzusetzen. Auf der offiziellen Ebene waren die alten Eliten damit weitgehend entmachtet. Nur im Privaten und im Vereinsleben konnten sie ihren Einfluß teilweise bewahren (Beispiel Geschichtsverein). In einigen Vereinen wurden zwar die Spitzen ausgetauscht, ansonsten kann man eine weitgehende personale Kontinuität feststellen. Bei der Beurteilung ist die Grenze zwischen oberflächlicher Anpassung, Anbiederung und aktiver Propagierung nationalsozialistischer Ideen nicht immer klar zu ziehen. Relative Distanz der gehoben-bürgerlichen Kreise läßt sich zum radikalen Antisemitismus der NSDAP feststellen, besonders wenn er sich gegen konservativ eingestellte, ökonomisch potente Bürger jüdischen Glaubens, wie etwa Benary, richtete. Hier wogen alte Bindungen und

Wertvorstellungen häufig schwerer. Auch die ausgesprochene Kirchenfeindlichkeit der Nationalsozialisten wurde von Teilen des Bürgertums nicht geteilt. Zusammenfassend läßt sich nach 1933 trotz solcher Differenzen in Teilbereichen eine weitgehende Übereinstimmung in zentralen Bereichen zwischen NS-Ideologie und bürgerlichen Ansichten feststellen.

1. Station: KZ Feldstraße

Nachdem die Nationalsozialisten an die Macht gekommen waren, versuchten sie rasch, jegliche Opposition auszuschalten. Zu diesem Zweck wurde die Polizei im März 1933 umstrukturiert und mit zahlreichen Sonderbefugnissen ausgestattet. So wurde eine Hilfspolizei aus SS, SA, Stahlhelm, Feuerwehr und THW geschaffen, die relativ uneingeschränkt agieren konnte. Zusätzlich wurde die sogenannte Schutzhaft eingeführt. Schutzhaft bedeutet, daß Menschen auf Verdacht hin eingesperrt werden konnten, ohne daß dieser nachgewiesen werden mußte. Nach dem Reichstagsbrand vom 27. Februar 1933 kam es zu einer großen Verhaftungswelle. Grundlage für diese willkürlichen Verhaftungen, von denen v.a. führende Mitglieder von KPD und SPD betroffen waren, war die sogenannte „Verordnung zum Schutz von Volk und Staat", die zahlreiche Grundrechte außer Kraft setzte. Die Menschen, die in Erfurt in Schutzhaft genommen wurden, kamen zunächst in Zellen ins Polizeipräsidium oder auf dem Petersberg. Bald reichte der Platz jedoch nicht mehr aus, so daß in Erfurt im April 1933 eines der ersten Konzentrationslager eingerichtet wurde. Dieses Lager befand sich hier in der Feldstraße 18 in einem alten Fabrikgebäude im Hinterhof. Von den umliegenden Wohnhäusern konnte gut beobachtet werden, wie hier nun etwa 100 Gefangene untergebracht wurden. Die Ortswahl stellte eine besondere Provokation dar, war doch das Viertel bis dahin eine Hochburg der Arbeiterbewegung. Diese sogenannten „wilden Konzentrationslager" enstanden 1933 in vielen Städten Deutschlands. Sie waren relativ provisorisch, da sie sehr kurzfristig eingerichtet wurden. Die Gefangenen wurden von Polizei und SA überwacht. Fast alle provisorischen Schutzhaftlager wurden jedoch nach wenigen Monaten wieder aufgelöst. Die Gefangenen aus der Feldstraße wurden nun in andere zentrale Lager gebracht, u.a. nach

Sonneburg, Lichtenburg oder Moringen. Wöchentlich zweimal wurde ein Teil der Gefangenen von der SA zum Verhör gebracht. Berichten zufolge, kam es regelmäßig zu Folterungen. Dazu wurde ein Grundstück im Steigerwald genutzt. Zu Tode gefoltert hat die SA dort den Erfurter Ladenbesitzer Waldemar Schapiro, der lediglich Materialien für die Herstellung der nun illegal erscheinenden Thüringer Volkszeitung der KPD geliefert hatte. In einem Flugblatt der KPD, das im September 1933 verbreitet wurde, war folgendes zu lesen:

„In Erfurt wurden die drei Genossen Josef Ries, Heinz Sendhoff und Waldemar Schapiro von den Nazis im Auftrag des Polizeipräsidenten Werner von Fichte ermordet. Die Begleitumstände waren so grausiger Art, daß einem das Blut in den Adern stockt beim Anhören der Einzelheiten. Am 28. Juni wurde Genosse Ries, der seit April sich in Schutzhaft befand, zusammen mit noch vier Genossen aufs grausamste mißhandelt. Die Schreie der gemarterten konnten weit im Umkreis gehört werden. Nachdem Genosse Ries bereits bewußtlos zusammengebrochen war, wurde er mit zwei Schüssen vollends getötet. Diese Schreckenstat war aber nur die Einleitung zu massenhaften Folterungen an wehrlosen Gefangenen. Wöchentlich zweimal, mittwochs und sonnabends, wurden aus dem Lager in der Feldstraße und vom Petersberg eine Anzahl Genossen zum SA-Verhör geführt. Anfang Juli fielen dann als weitere Opfer faschistischer Mörder die Genossen Heinz Sendhoff und Waldemar Schapiro. Genosse Sendhoff wurde in einem Garten am Steiger (zwischen Hubertus und Waldschlößchen) zu Tode geprügelt. Seine Leiche wies keine Schußverletzungen auf. Noch toller benahmen sich die SA-Mordgesellen gegenüber dem Genossen Schapiro. Er wurde im selben Gartengrundstück ermordet. Nach ihrer Mordtat ließen die Mörder ihre Opfer einfach liegen. Von

Spaziergängern wurden sie dann gefunden und in der Leichenhalle angegeben. Insgesamt wurden bis jetzt 40 bis 50 Gefangene gefoltert (auch Frauen). Einige von ihnen wurden zu Krüppeln geschlagen."

Um die Opposition tatsächlich auszuschalten bedurfte es nicht nur des großen rechtlichen und repressiven Handlungsspielraums sondern auch der Mithilfe großer Teile der Bevölkerung. Sei es durch Denunziation oder eben durch aktive Mitarbeit bei der Hilfspolizei. Die Hilfspolizei agierte willkürlich und brutal. Es kam zu zahlreichen Verhaftungen und auch Schlägerein. Im Februar wurden 2 Antifaschisten von SA-Männern auf der Straße erschossen. Das Auftreten von SA und SS führte in Erfurt sogar zu Problemen mit ausländischen Missionen. Die mit Gummiknüppeln und Pistolen ausgerüstete Hilfspolizei verprügelten nicht nur Linke sondern auch ausländische Personen. Aufgrund von Beschwerden ausländischer Missionen, wurde die Hilfspolizei aufgefordert dies zu unterlassen. Das KZ unterstand der Polizeidirektion Erfurt, so dass der Polizeipräsident – Walter von Fichte, seit 1933 Polizeipräsident und gleichzeitig SA-Obergruppenführer, die Morde angeordnet oder zumindest geduldet haben muss. Es entstanden 59 frühe Lager und einige KZ-ähnliche Einrichtungen. Im Aufbau und Struktur waren sie unterschiedlich. Die Gefangenen wurden meist von Polizei und SA überwacht. Die ersten sog. wilden KZ' s wurden alle – bis auf Dachau – wider aufgelöst. Ab dann unterstanden alle der SS.

Heute erinnert eine Gedenktafel an die Menschen, die während ihrer Haft in der Feldstraße von den Nationalsozialisten ermordet wurden.

Station 2: Das Tivoli

Das Tivoli, welches auf der Grenze zwischen der Erfurter Innenstadt, wo das Bürgertum lebte und dem Erfurter Norden, wo die Arbeiterschaft im Blechbüchsenviertel wohnte, sich befindet, war ein fester Treffpunkt der organisierten Erfurter Arbeiterschaft. Aus den Akten der Baupolizei geht hervor, dass das Tivoli vermutlich 1880 erbaut wurde. Allerdings endete die Magdeburger Allee bis 1886 bei der Nr. 50. erst seit 1887 existiert in der Magdeburger Allee die Nr. 51, in der sich das Tivoli befand. Auftraggeber für den Bau war die Actionbrauerei Erfurt. Der Name Tivoli hat wahrscheinlich keine politischen oder historischen Hintergründe. Das Gewerkschaftskartell mietete im Jahre 1897 die ersten Räume an, drei Jahre später wurde eine Zentralbibliothek und weitere zwei Jahre darauf ein Lesesaal für die organisierte Arbeiterschaft errichtet. Bereits seit 1890 fanden in der Harmonie, wie das Tivoli von November 1925 bis 1949 hieß, die Feierlichkeiten zum ersten Mai statt. Somit lässt sich sagen, dass das Tivoli, von Beginn an Dreh- und Angelpunkt für Veranstaltungen, feste und Demonstrationen der Arbeiter war. Im November 1918 gründete sich hier der Arbeiter- und Soldatenrat, im Dezember 1918 die Ortsgruppe des Spartakusbundes und am 02.01.1919 eine der ersten Ortsgruppen der KPD. Des öfteren waren in den Säalen des Tivoli die Reden von führenden Politikern zu hören, so z.b. am 08.08.1930 von Ernst Thälmann. Doch auch das kulturelle Angebot konnte sich sehen lassen. Am 06.02.1926 fand das legendäre Konzert des sogenannten "roten Geigers" Julius Soermus und seiner Ehefrau Virginia Tschaikowski statt. Regelmäßig fanden Vorführungen der Agit/Propgruppe "kurve links" statt. Das vielschichtige Programm dieser Gruppierung junger Kommunisten enthielt Gedichte und Theateerstücke, die der Schulung und Aufklärung dienen sollten. Ebenfalls waren Schulentlassungsfeiern

(Jugendweihe), Elternabende und Ausstellungen im Angebot des Tivoli enthalten. Als spezifische Zielgruppe für alle Veranstaltungen galten immer die ArbeiterInnen und ihre Familien, dies spiegelte sich in den günstigen Eintrittspreisen und Themen wider. Auch die seit 1903 angebotene Konsumverkaufstelle war speziell für arme Schichten als Einkaufsmöglichkeit gedacht. Am 02.01.1933 wurde das Haus von der SA besetzt und das komplette Inventar beschlagnahmt. Aus politischen Gründen musste die Gastwirtschaft für einen Monat geschlossen werden, die Polizeidirektion forderte einen neuen Konzessionsinhaber. 1940 wurde das Tivoli von Frau Krug für 200000 RM an Gustav Schneider verkauft. Frau Krug war die Witwe von Hugo Krug, dem Besitzer des Tivoli seit 1916. Zuvor war er 3 Jahre Wirt des Hauses gewesen. Er galt als geschäftstüchtig und politisch engagiert. Krug war Vorstandsmietglied im Verein „Erfurter Wirte" und 3 Jahre Stadtverordneter (1919-1921) von der USPD. Die Partei verließ er am 17.11.1921. Krug vermietete Räume im Tivoli unter anderen an eine Apotheke, eine Kunstprägeanstalt, eine Großbuchbinderei und an zahlreiche Verbände der Arbeiter. Er selbst betrieb von 1922-1930 eine mechanische Wäscherei im Tivoli. Er sorgte für viele Aus- und Umbauten im und am Gebäude. So z.b. im Jahre 1919 wo ein Lichtspieltheater eingebaut wurde oder 1920 der Umbau von Erdgeschossräumen für die Apotheke und 1928 wollte er ein Musikpavillon im Garten errichten für Konzerte im Sommer. Wie bereits im ersten Weltkrieg dienten die Räumlichkeiten ab 1942 als Notunterkünfte für Verwundete der Wehrmacht. Am 16.01.1946 fand die erste gemeinsame Ortkonferenz der KPD/SPD statt. Ab 1950 wurde es als Clubraum des VEB "Optima" genutzt und am 01. Mai 1964 als offizielles Clubhaus eingeweiht. Vor uns befindet sich mit dem Gebäude des Erfurter Tivoli das wohl zentralste Gebäude der organisierten Arbeiterschaft in der Stadt. 1880 im Auftrag der Actienbrauerei Erfurt erbaut wurde das Lokal schnell von der Arbeiterbewegung genutzt. 1890 fanden hier Feierlichkeiten anläßlich des ein Jahr zuvor als Kampf- und Feiertag ausgerufenen 1. Mais statt, im Jahr 1900 wurde eine öffentliche Bibliothek der Gewerkschaft eingerichtet, die bereits wenige Jahre später rund 3.000 Bände umfaßte. Von einer Gaststätte entwickelte sich das Tivoli noch im Kaiserreich zu einem einzigartigen Zentrum, daß Raum für die verschiedensten Aktivitäten einer proletarischen Gegenkultur bot, die mit der Macherlangung der Nationalsozialisten ein blutiges Ende fand. Um die Breite des Spektrum der Veranstaltungen und die Bedeutung des Hauses als zentraler Kommunikationsort zu verdeutlichen, soll auf die hier ausgeübten Aktivitäten der Arbeiterbewegung bis 1933 ein wenig näher eingegangen werden. Schon die im Gebäude untergebrachten Organisationen zeigen, daß das Tivoli kein reiner Gaststättenbetrieb war. Neben der Kneipe und der mit eigenem Lesesaal ausgestatteten Gewerkschaftsbibliothek befanden sich bis 1925 auch das Gewerkschaftssekretariat sowie zahlreiche berufständische Organisationen im Gebäude. Politische Veranstaltungen hatten im Tivoli folgerichtig eine feste Heimat. Neben seiner Lage im überwiegend von Arbeiterinnen und Arbeitern bewohnten Erfurter Norden dürfte seine Kapazität von rund 600 Sitzplätzen im großen Saal mit den Ausschlag für die Wahl als Versammlungsort gegeben haben. So konstituierte sich am 9. November 1918 der Erfurter Arbeiter- und Soldatenrat hier, einen guten Monat später wurde die Ortsgruppe des Spartakusbundes –die spätere KPD – gegründet. Zuvor waren von hier Demonstrationen gegen den ersten Weltkrieg organisiert worden. Auch Streiks und Betriebsratsversammlungen nahmen im Tivoli ihren Ausgangspunkt. Ernst Thälmann nahm hielt ebenso Vorträge wie andere Politiker. Es gab Veranstaltungen zu Frauenfrage und Emanzipation genauso wie zur Russischen Oktoberrevolution. Doch darüber hinaus bot das Tivoli anspruchsvolle Kulturveranstaltungen. Neben den Maifeiern gab es bereits 1911 die erste Jugendweihe in Erfurt. Durch den Umbau des großen Saals in ein Lichtspielhaus integrierte man das noch junge Kino in das Angebot und bot anspruchsvolle Unterhaltung zu geringen Preisen. Theatergruppen hatten ebenso ihren Platz wie die Arbeiterfotographen, Sport- und Musikgruppen. Einen Höhepunkt stellte der Auftritt des russischen Geigers Julius Eduard Soermus und seiner Frau, der Pianistin Virginia Tschaikowsky-Soermus am 6. Februar 1927 dar, zu dem auch viele bürgerliche Kunstliebhaber den Weg in das Tivoli fanden. Daß Kultur, Politik und Geselligkeit im Tivoli eine untrennbare Einheit bildeten, verkörperte schon der Wirt der Gaststätte, Hugo Krug, der seit 1919 Stadtverordneter der USPD im Erfurter Rat war. Bei politischen Versammlungen traten auch immer wieder Chöre oder die ebenfalls im Haus ansässige AgitProp-Gruppe "Kurve links" auf. Die umfassende Bedeutung des Gebäudes zeigt sich schließlich auch darin, daß sich hier seit 1903 eine Konsum-Verkaufsstelle sowie später eine mechanische Wäscherei befand. Neben der Entlastung der Haushaltskasse und der Erleichterung der schweren Hausarbeit dürfte die ebenfalls im Haus ansässige Apotheke einen nicht zu unterschätzende Beitrag für die Gesundheit der ärmeren Schichten geleistet haben. Es dürfte deutlich geworden sein, warum den Nationalsozialisten das Tivoli als einer der zentralen Orte der Erfurter Arbeiterbewegung ein besonderer Dorn im Auge war. So kam es im Januar 1933 zu einem versuchten Überfall der SA auf die Gaststätte, dennoch kam es am 8. Februar zu einer großen antifaschistischen Versammlung im Tivoli, an der sowohl Angehörige der KPD als auch der SPD teilnahmen. Doch dieser Protest konnte die Nationalsozialisten nicht stoppen, von deren Maßnahmen auch das Tivoli betroffen war: Iin der Folgezeit wurde das Haus aus politischen Gründen für ein Monat gesperrt und die Polizeibehörde forderte einen neuen Konzessionsinhaber für den

Schankbetrieb. Als am 2. Mai im Rahmen der deutschlandweiten Zerschlagung der Gewerkschaft die Gewerkschaftsräume im "Haus zum Regenbogen" in der Johannesstraße von der SA gestürmt werden, wird auch das Tivoli besetzt, das Inventar und Geld beschlagnahmt. Unter den seit Jahresbeginn 1933 Verhafteten befanden sich auch zahlreiche Gäste des Tivoli.

Station 3: Turnhalle

Wie vor der Synagoge erwähnt wurden in der Reichspogromnacht 1938 jüdische Gotteshäuser oder Geschäfte zerstört, sondern auch reichsweit männliche jüdische Bürger verhaftet und interniert. Insgesamt trieben die SS und SA ca. 28.000 Menschen zusammen, die willkürlich geschlagen und misshandelt und dann in Konzentrationslager gesperrt wurden. 91 Personen kamen in der Pogromnacht ums Leben, unzählige starben an den physischen und psychischen Folgen während oder nach der Internierung. In Erfurt wurden ca. 180 jüdische Bürger unter Leitung des NSDAP-Kreisleiters Franz Theine in die Turnhalle der Oberrealschule in der Meyfartstraße gebracht. Die Turnhalle wurde während des Krieges zerbombt. Eine Tafel erinnert hier an die Ereignisse in der Reichspogromnacht. Einer der damals Verschleppten, der Rechtsanwalt Dr. Karl Heilbrunn, hat über die Nacht folgendes niedergeschrieben:

„In der Nacht vom 9. zum 10. November 1938 wurde ich etwa gegen 2 Uhr nachts von meiner weinenden Haushälterin geweckt, die mir mitteilte, es seine zwei SA-Männer gekommen, die erklärten, ich müsse sofort zu einer Besprechung mit ihnen kommen. Sie gaben mir Zeit, mich anzuziehen. (...) Ich wurde ... nach der Oberrealschule gefahren, und zwar an der in hellen Flammen stehenden Synagoge vorbei. (...) In der Halle war ein wüstes Getöse, wildester Lärm, Klatschen von Schlägen, Schreie der Getroffenen, und ich sah als erstes, wie ein Mann in wilder Eile durch eine Meute von zwei Reihen SA-Männern hindurch stürzte, halb fiel und mit allen möglichen gefährlichen Werkzeugen bearbeitet wurde. (...)
Hiebe prasselten von allen Seiten auf mich herab. Ich erhielt heftige Schläge, insbesondere auf den Kopf und

zwar auf die Schläfe. (...) Der Schlag auf meine rechte Schläfe war besonders heftig gewesen. Ich nehme an, daß er mit einem Koppelschloß erfolgt war. Das Blut schoß aus der Wunde hervor. Es drang über mein Gesicht, durch Mantel und Kleidung hindurch und floß auf den Erdboden.
(...) Da mein Gesicht der Wand zugekehrt war, konnte ich von den Vorgängen in der Turnhalle nur wenig sehen. Ich konnte jedoch deutlich wahrnehmen, was sich an dem mir zunächst liegenden Klettergerüst abspielte. Dort zwang man nämlich die ältesten und schwächsten Juden, an den Kletterstangen emporzuklimmen, was ihnen naturgemäß nicht gelang. Die Meute versuchte nachzuhelfen, indem sie auf diese wehrlosen Opfer mit Knüppeln einschlug. (...) Die Mißhandlungen haben sich bis zu unserer Abfahrt nach Buchenwald, die am Morgen etwas ½ 5 Uhr vor sich ging, in ununterbrochener Folge fortgesetzt. (...) Auf der Empore der Halle standen eine Reihe von Polizeioffizieren, die dem furchtbaren Treiben dieser entsetzlichen Kulturschande unter ihnen mit Gleichmut zusahen, ohne für die eingebrachten 180 Juden auch nur den Finger zu rühren.“

Im Morgengrauen mussten die Gequälten auf Kommando ihrer Peiniger rufen „Juda verrecke!“ Dann wurden alle bis auf 10, die nicht mehr transportfähig waren, nach Buchenwald gebracht. Auch dort hörten die Misshandlungen nicht auf. Eine weitere Zeitzeugin berichtet:

„In den Abendstunden des 9. November 1938 wurde er (der Vater) von der SA aus unserer Wohnung in der Rubensstraße abgeholt. Am nächsten Tag wurde er nach Buchenwald gebracht und nach zirka fünf Wochen wieder entlassen. Die Haare waren ihm geschoren und *er erzählte kaum etwas über seinen Aufenthalt dort. Nur, daß man den Juden Rhizinus-Öl zu trinken gab und sie dann in einen verschlossenen Raum einsperrte...“* (Ruth C., Jahrgang 1918)

Den nach Buchenwald verschleppten Juden wurde verboten, über die Ereignisse der Pogromnacht und die Zeit im Lager zu sprechen. Aus Gesprächen mit Kindern der Betroffenen wissen wir, dass die überwiegende Mehrheit der Inhaftierten auch nach dem Krieg nie über diese Zeit in Buchenwald sprach. Hintergrund für die Internierungen des 10. November 1938 war nach heutiger Forschung die Zielsetzung, den Druck auf die noch im Deutschen Reich lebenden Juden zu erhöhen, das Land zu verlassen. Auch war es den Nationalsozialisten nach ihrer Meinung noch nicht zufriedenstellend gelungen, an das Privatvermögen der jüdischen Bevölkerung zu kommen.

Einen Hinweis auf diese Zusammenhänge gibt ein Schreiben der Gestapo, Staatspolizeidienststelle Erfurt vom 17. November 1938:

„Der Chef der Sicherheitspolizei hat folgendes angeordnet:
1. *Die Festnahmeaktion gegen die Juden ist ab sofort einzustellen...*
2. *Arisierungsverhandlungen dürfen durch die Inschutzhaftnahme der Besitzer nicht gestört werden. Jüdische Schutzhäftlinge, welche zur Einleitung oder Fortführung solcher Verhandlungen benötigt werden, sind sofort zu entlassen...*
3. *Solche Juden, die sich bereits im Besitze von Ausweispapieren befinden, oder deren Ausreisetermine bevorstehen, dürfen an der Auswanderung nicht gehindert werden...*

4. *Juden, die im Zuge der Protestaktion festgenommen oder bereits einem KZ überstellt wurden, sind sofort zu entlassen, wenn sie mehr als 60 Jahre alt, oder krank oder körperlich gehindert sind...*

5. *Weiter sind Juden sofort zu entlassen, wenn dies ein dringendes Interesse der Deutschen Wirtschaft, insbesondere aber es Deutschen Exportes, geboten erscheinen läßt... "]*

Entsprechend wurden zahlreiche Häftlinge nach ein paar Wochen aus dem KZ Buchenwald wieder entlassen, bereits im Januar 1939 waren die letzten Erfurter Juden zurück. Der Preis: Der Verkauf von Grundstücken und Eigentum unter Wert und die Verpflichtung, sobald wie möglich auszureisen. Die meisten „Kaufverträge" wurden direkt in Buchenwald im Beisein städtischer Beamter und Gestapovertretern unterschrieben. 75 Juden aus Erfurt, die in Buchenwald inhaftiert waren, wanderten in den Jahren 1938/39 aus, oft nicht ohne Teile ihres Besitzes zurück zu lassen oder für die Ausreisegenehmigung hohe Summen zu zahlen. Auch Dr. Karl Heilbrunn wanderte 1938 mit seiner Familie aus: nach England. Zeit seines Lebens hatte er an der Kopfverletzung aus der Nacht vom 9./10. November 1938 zu leiden. Nach dem Krieg kam Dr. Heilbrunn zunächst nach Erfurt zurück, ging in den 50er Jahren nach Westdeutschland und starb dort 1961.

Station 4: Erfurter Verkehrs-Aktiengesellschaft (EVAG)

Die Station EVAG thematisiert die Ausgrenzung der polnischen und jüdischen Bevölkerung aus dem wichtigsten Verkehrsmittel der Zeit. Anhand des Vorgehens des Erfurter Oberbürgermeisters Kießling zeigen sich zudem die Handlungsspielräume einzelner Akteure vor Ort, die, wie im Erfurter Fall, durchaus verschärfend genutzt werden konnten Der Oberbürgermeister und die EVAG weigerten sich strikt, gesetzlich mögliche Sonderfahrgenehmigungen an die noch verbliebenen jüdischen Einwohnerinnen und Einwohner auszustellen.

Je nach Verlauf des Rundgangs wird die Station an einer Straßenbahnhaltestelle, in einer Straßenbahn oder am EVAG-Center am Anger gehalten. Bei diesem handelt es sich zwar nicht um einen authentischen Ort aus der Zeit des Nationalsozialismus, allerdings war der Anger in den 30er und 40er Jahren noch mehr als heute ein Verkehrsknotenpunkt der Stadt.

Station 5: Kaufhaus Römischer Kaiser

Das heutige Kaufhaus Anger 1 bietet eine der zentralen Einkaufsmöglichkeiten in der Erfurter Innenstadt. Nicht nur das Warenhaus als relativ neue Erfindung, sondern auch die beiden Gründer als Person waren bereits in der Weimarer Republik Angriffsziele antisemitischer Hetze. An dieser Stelle wird am Beispiel des völkischen Lokalpolitikers Adolf Schmalix und seinem antisemitischen Wochenblatt 'Echo Germania' auch auf die große Bedeutung eingegangen. Thema dieser Station ist die Arisierung jüdischer Geschäfte durch die Nationalsozialisten sowie das Schicksal der beiden Kaufhausgründer Pinthus und Arntheim.die der Antisemitismus bereits vor 1933 spielte. Im Jahr 1908 gründeten Siegfried Pinthus und dessen Schwager Arthur Arndtheim das Kaufhaus „Römischer Kaiser", unterstützt wurden sie durch die Familie Hermann Tietz aus Berlin, die dort auch ein großes Warenhaus hatten. Der Name nimmt Bezug auf ein ehemaliges Hotel am Anger im gleichen Gebäude. Beide Gründer zeichneten sich durch ihr Engagement in der jüdischen Gemeinde in Erfurt aus. Pinthus war eine der wichtigsten Persönlichkeit des jüdisches Leben in Erfurt, welches sich auch in den 20ern in Erfurt intensiviert Er, wirkte an zahlreichen Vereinsgründungen mit, wie dem Verein für jüdische Geschichte und Literatur. Seit 1933 war er der Vorsitzende der Erfurter Jüdischen Gemeinde. Arndtheim wirkte ehrenamtlich für das jüdische Leben in Erfurt. Seit 1932 war er Mitglied der Repräsentantenversammlun. Seine Villa wurde zum Treffpunkt für Diskussionsveranstaltungen im Zuge der antisemitischen Propaganda. Es wurden Vorträge und Runden abgehalten, z.B. Treffen der „Thüringer Arbeitsgemeinschaft für die Jewish Agency", Dr. Hanthe hielt Vortrag über die Bedeutung des Palästina-Werkes. Der wachsender Antisemitismus in den Medien seit Ende der 20er Jahre bedrohte auch die Geschäfte des Warenhauses. Im Jahr

1927 wurde eine Erhöhung des Gebäudes auf 7 Obergeschosse und einen Vorbau geplant, die der Erfurter Bezirksausschuss auch genehmigt. Wegen der antisemitische Hetze von Adolf Schmalix in seiner Zeitung „Echo Germania", die gegen die Vergrößerung hetzte, wurde das Bauvorhaben von der Stadt verschleppt und scheiterte. Die Arisierung erfolgte 1937. Lange zuvor wurde bereits die jüdischen Wirtschaft ausgegrenzt. Boykotte und antisemitische Ausschreitung gegen jüdische Geschäfteerfolgten so ab 1930 Umsatzrückgang, 1934 Schließung einer Filiale in der Johannesstr., 1936 Schließung der betriebseigenen Fortbildungsschule, 1937 Zwangsweise Umwandlung der GmbH in eine OHG. Am 14. Oktober 1937 erfolgte die zwangsweise Umwandlung in eine Kommanditgesellschaft unter Führung der Leipziger Firma Hans Quehl & Co. . Quehl kündigte den Wechsel bereits 12 Tage vor Vollzug an. Der erste Schritt war die Entfernung der gläsernen Weltkugel, als internationalistisches Symbol, was nicht in das deutsche Konzept des neuen Besitzers passte. Da Manfred Müller nicht bei Juden arbeiten wollte, kündigte er deshalb 1936. Elisabeth Leutes verklagte das Kaufhaus bei der DAF wegen ihrer Entlassung. Einige der jüdischen Angestellten emigrierten (1935-37), noch vor der Arisierung, da sie das politische Klima nicht mehr aushielten. Nach der Arisierung wurden die jüdischen Angestellten auch nicht mehr eingestellt. Am 19.11.1937 wurde das Gewerbe des Kaufhauses aus dem Handelsregister ausgetragen. Zwei Tage später, am 21.11.1937 stirbt Pinthus an einem Herzleiden. Am 20.11. 1937 wurde der Geschäftsführer Max Arenstein und sein Sohn nach Buchenwald gebracht. Im Frühjahr 1938 werden die meisten Juden aus Buchenwald entlassen und zu. Arthur Arndtheim wurde nach Polen ausgebürgert (gest. 20.11.1945).

Station 6: Angermuseum

Eine besondere Station stellt das Angermuseum dar, weil sie im Museum abgehalten wird, wodurch eine intensivere Beziehung zum historischen Ort entsteht. In einem während der NS-Zeit geschützten Raum befinden sich eine der wenigen erhaltenen expressionistischen Wandmalereien, die Erich Heckel zwischen 1922 und 1924 hier anbrachte. Dieser Raum stellt den Aufhänger zur Beschäftigung mit der NS-Kunstpolitik dar, die in der Konfiszierung und teilweisen Zerstörung von rund 800 Kunstwerken aus den Beständen des Museums im Rahmen der Zusammenstellung der Ausstellung "Entartete Kunst" ihren destruktiven Höhepunkt fand und die Erfurts kulturelle Entwicklung vor allem der modernen Kunst unwiderruflich schädigte. Eingegangen wird auch auf das Schicksal des Ehepaares Alfred und Thekla Hess, die in den zwanziger Jahren zahlreiche Ankäufe des Museums finanziell ermöglichten und selbst eine bedeutende Sammlung moderner Kunst besaßen. In der Zeit von 1918 bis 1933 erlebte Erfurt einen einzigartigen kulturellen Aufschwung. In der bildenden Kunst waren es vor allem die Direktoren des städtischen Museums, die alle Anstrengungen unternahmen, die zeitgenössische Avantgarde nach Erfurt zu locken. Das Museum beherbergte in den 20er Jahren Arbeiten aller bedeutenden expressionistischen Künstler. Die Qualität der Erfurter Sammlung wird etwa in der Aussage des Direktors des Berliner Kupferstichkabinetts deutlich, man müsse nach Erfurt kommen, um zu erkennen, was man in Berlin zu sammeln hätte. Entscheidend für die Entstehung der öffentlichen Sammlung moderner Kunst war die Unterstützung durch den Sammler und Mäzen Alfred Hess und seiner Frau Thekla. Hess war Mitbesitzer der M. & L. Hess Schuhfabrik AG, die mit fast 2000 Beschäftigten einer der größten Arbeitgeber der Stadt war. Er saß für die linksliberale DDP im Stadtparlament und war ein fortschrittlicher und umsichtiger bürgerlicher Reformer. Er setzte sich vor allem für die Verbesserung der sozialen Lage der Firmenangehörigen etwa durch den Bau von Sozialwohnungen ein. Seine große Liebe galt der expressionistischen Kunst. Seine Privatsammlung galt als eine der besten Sammlungen des deutschen Expressionismus überhaupt. Sie umfaßte rund 80 Gemälde, 200 Zeichnungen und Aquarelle sowie 4000 graphische Blätter. Das Musuem legte seine Sammlung parallel und in enger Absprache an, da Hess seine Kunstwerke dem Angermusuem nach seinem Tod schenken wollte. Da die Museumskommission nicht bereit war, Geld für den Ankauf moderner Kunst bereitzustellen, war das Angermuseum auf Stiftungen angewiesen. Neben der 'Vereinigung der Erfurter Museumsfreunde' war es vor allem Alfred Hess und seine Frau, die den Direktoren neue Ankäufe ermöglichten und die Künstler nach Erfurt holten. So finanzierte er auch die Wandmalereien, die Erich Heckel 1922 bis 1924 im Angermuseum ausführte und die heute zu den wichtigsten erhaltenen Wandbildern des Expressionismus in Deutschland zählen. Doch es gab auch schon früh erbitterte Feinde der expressionistischen Kunst in Erfurt, deren Hauptvertreter der deutschnationale Berufssoldat Walter Corsep (1862-1944) war. Er war Mitglied des städtischen Museumsausschusses und selbst Maler. Bei den Vorwürfen mischten sich von Anfang an kunstinterne Bedenken mit politisch motivierter Kritik ('Kulturbolschewismus') und antisemitischen Ausfällen. Der Protest nahm auch früh den 'Juden Hess' ins Visier. Bereits im September 1923 gab es einen tätlichen Angriff auf sein Haus, der Garten wurde verwüstet, der Zaun des Grundstücks zerstört. So erscheint es symptomatisch, daß Hess trotz seiner großen Verdienste um das Museum nie namentlich als Stifter genannt wurde: Man hatte augenscheinlich Angst, den Gegnern der modernen Kunst in Erfurt einen weiteren Angriffspunkt zu bieten. Die Machterlangung der Nationalsozialisten musste Hess selbst nicht mehr selbst miterleben, er starb 1931. Seine Familie verließ noch 1933 Erfurt und nahm die Sammlung mit nach England, so daß ihre Werke, zwar in alle Winde zerstreut, immerhin erhalten geblieben sind. Einen ersten Vorgeschmack auf die zukünftige NS-Kunstpolitik konnte man bereits 1930 erhalten: Nachdem Wilhelm Frick in Thüringen erster nationalsozialistischer Minister (Innen- und Volksbildungsminister) geworden war, mußte das Museum in Weimar seine Bestände an moderner Kunst magazinieren und Leihgaben zurückgeben. Da Erfurt verwaltungstechnisch zu Preußen gehörte, brachte man einige Gemälde ins Angermuseum, worauf sich die Mitteldeutsche Zeitung über den 'Mist aus Weimar' beschwerte. 1933 forderte dann Gauleiter Kieser, daß auch in Erfurt die moderne Kunst endlich verschwinden solle. Den Worten folgten rasch Taten, wie man einem Artikel in der Mitteldeutschen Zeitung vom 1.4.1933 entnehmen kann: Unter der Überschrift 'Das Großreinemachen im Angermuseum zu Erfurt' berichtete sie ausführlich darüber , daß die Werke der 'Chaotiker und Farbenklexer' nun auch in Erfurt verschwunden seien. Die Bilder konnten nicht mehr öffentlich gezeigt werden, blieben jedoch vorerst Interessierten auf Anfrage zugänglich. Museumsdirektor Kunze, der kein entschiedener Gegner der 'nationalen Bewegung' war, hoffte anfangs noch, daß sich die Politik hinsichtlich der modernen Kunst wieder beruhigen würde. Da er den den lokalen NS-Größen als 'einer der bekanntesten Vertreter der jüdisch-bolschewistischen Richtung' in der Stadt besonders verhaßt war, wurde scharf attackiert. Doch zunächst blieb er im Amt. Das Jahr 1937 brachte dann die endgültige Entscheidung sowohl gegen den Erfurter Museumsdirektor Kunze als auch gegen die gesamte moderne Kunst in Deutschland. Am 30. Juni 1937 hatte Reichspropagandaminister Goebbels angeordnet, alle 'deutsche Verfallskunst seit 1910' in staatlichen Museen zu konfiszieren, um sie in einer großen Propagandaschau zu zeigen. So entstand die Ausstellung 'Entartete Kunst'. Sie war beispiellos, da sie den einzigen Zweck hatte, die gezeigten Kunstwerke zu diffamieren. Aus dem Angermusuem wurden in der Folge rund 800 Kunstwerke, darunter Werke von Nolde, Schmidt-Rothluff, Klee, Feininger, Marcks, Kandinsky, Schlemmer, Dix, Beckmann, Marc, Grosz, u.v.a. beschlagnahmt. Museumsdirektor Kunze wurde zum 1. Oktober gekündigt - vom Oberbürgermeister Kießling persönlich forciert - und erhielt mit der folgenden Begründung Hausverbot: 'Sie haben sich durch die Förderung der entarteten Kunst so schwer belastet, daß einem Nationalsozialisten nicht zugemutet werden kann, mit Ihnen über Angelegenheiten der Kunst zu verhandeln'. Magdalena Rudolf, die Kunze 1942 heiratete, führte das Museum weiter. Ihr kommt das große Verdienst zu, den 1922 bis 1924 von Erich Heckel gestaltete Raum vor dem Zugriff der Nazis gerettet zu haben, indem sie eine Wand mit einem mittelalterlichen Verkündigungsengel davorstellen ließ. Nach Kriegsende wurde Herbert Kunze wieder als Museumsdirektor eingesetzt, doch die beschlagnahmten Kunstwerke waren für Erfurt für immer verloren: 181 gelten als zerstört, der Rest wurde von den Nazis zu Spettpreisen ins Ausland verkauft. Und auch die Familie Hess kehrte nicht mehr nach Deutschland zurück

Station 7: Schlösserstraße 8

In diesem Haus, in der Schlösserstraße 8 befand sich das Bekleidungsgeschäft 'Schalling Damen- und Herren-Modeartikel GmbH', das bis Anfang der 1970er Jahre existierte. Es galt als eine gute Adresse in Sachen Bekleidung. Im Januar 1937 gingen die Namen der beiden Inhaberinnen - Frieda Schalling und ihre Tochter Margarethe - durch die Presse, denn sie wurden vor dem Landgericht Erfurt am Friedrich-Wilhelm-Platz angeklagt. Doch welchen schwerwiegenden Vergehens hatten sich die beiden Frauen schuldig gemacht, daß die Zeitungen über ihren Prozeß berichteten und der Landesgerichtspräsident höchstpersönlich den Vorsitz führte? Frieda und Margarethe Schalling wurden rechtskräftig verurteilt, weil sie regelmäßig mit ihrem Vermieter und langjährigem Freund zu Mittag gegessen hatten. Dieser Mann war der Arzt Dr. Oskar Moses. ‚Die gesetzliche Grundlage für die Anklage und die Verurteilung bildeten die sog. Nürnberger Gesetze. Sie waren auf dem Nürnberger Parteitag von 1935 durch den dort einberufenen Reichstag verabschiedet worden. Dieser Parteitag, der unter dem zynischen Motto 'Parteitag der Freiheit' stand, schränkte die Freiheiten der noch im Deutschen Reich verbliebenen rund 420.000 Jüdinnen und Juden weiter ein. Bei der Ausgrenzung und Entrechung der jüdischen Bevölkerung kommt den sog. Nürnberger Gesetzen eine zentrale Bedeutung zu, denn sie schrieben erstmals die Kategorisierung jüdischer Menschen nach rassischen Gesichtspunkten rechtlich fest. Die meisten später folgenden Verordnungen bis schließlich zur bürokratischen Behandlung der Vernichtung der jüdischen Bevölkerung bezogen sich von nun an ausdrücklich auf diese Gesetze. Im Einzelnen sahen die Nürnberger Gesetze folgende Einschränkungen vor: Das 'Reichsbürgergesetz' erklärte nur Menschen deutschen oder artsverwandten Blutes zum Reichsbürger, dem die vollen politischen Rechte zustanden. Juden und Jüdinnen verloren damit jede politische Mitsprache sowie die Möglichkeit, ein öffentliches Amt oder eine Beamtenstelle zu bekleiden. Das 'Gesetz zum Schutz des deutschen Blutes und der deutschen Ehre' verbot die Eheschließung zwischen Juden und Staatsangehörigen deutschen oder artverwandten Blutes sowie außerehelichen Verkehr. Selbst im Ausland geschlossene Ehen galten als nichtig. Die intimsten menschlichen Beziehungen waren damit nach Recht und Gesetz zum Objekt von Schnüffeleien und Denunziationen sensationslüsterner und ideologisch fanatisierter Nachbarn geworden. Eine genaue Definition dessen, wer als Jude nach dem Gesetz zu gelten habe, lieferten die einige Wochen später erfolgenden Ausführungsbestimmungen. Sie unterschieden zwischen sog. Volljuden sowie Halb- bzw. Vierteljude. Mit Hilfe dieser Kategorisierung entschieden ' rechltich korrekte' Bürokraten bis zum Ende des Nationalsozialismus über das Schicksal von Menschen. Daß man dies nicht widerwillig und gezwungenermaßen, sondern durchaus mit einem gewissen Eifer tat, zeigt der Fall von Frieda Schalling und Oskar Moses. Als der sog. Rasseschandeprozess 1937 in Erfurt verhandelt wurde, kannten sich die Geschäftsfrau und der Arzt schon seit mehr als 30 Jahren. 1905 war Frieda Schalling im Alter von gerade einmal 19 Jahren mit ihrer einjährigen Tochter in die Praxis von Oskar Moses gekommen. Vielleicht kam sie zu ihm, weil er im Ruf stand, unbürokratisch zu helfen. Seit der Jahrhundertwende praktizierte Oskar Moses in Erfurts Norden, wo vor allem Arbeiterinnen und Arbeiter zu seinen Patienten gehörten. Darüber hinaus war er als Kolonnenarzt beim Arbeiter-Samariter-Bund tätig und hielt regelmäßig medizinische Schulungen im Tivoli ab. Er war Mitglied der SPD und bei mehreren Arbeitersportorganisationen als Sportarzt engagiert. Im Ersten Weltkrieg diente er in einem Feldlazarett. Er und Frieda Schalling müssen sich bereits vor Kriegsausbruch angefreundet haben, denn bereits 1913 half er ihr mit einem Darlehen, ein erstes Geschäft zu eröffnen. Als dieses aufgrund der Inflation im Jahr 1923 Konkurs anmelden musste, war es erneut Oskar Moses, der ihr und ihrer Tochter beim Aufbau eines neuen Geschäfts in der Schlösserstraße 8 unter die Arme griff. 1932 mußte Oskar Moses seinen Beruf als Arzt aufgeben, weil er selbst krank wurde. Für Frieda und Margarethe Schalling war es nun selbstverständlich, den hilfsbedürftigen Moses durch ihre Haushälterin mitversorgen zu lassen. Als nun 1935 die Nürnberger Rassengesetze verabschiedet worden waren, wurde die Geschäftsfrau von der Gestapo vorgeladen und sie wurde darauf hingewiesen, daß ihr das Führen eines gemeinsamen Haushaltes mit einem Juden verboten sei. Denn das 'Gesetz zum Schutz des deutschen Blutes und der deutschen Ehre' sah nicht nur die 'Rassenschande' als strafbar an, für die bis 1940 allein rund 2.000 Personen rechtskräftig verurteilt wurden, sondern auch das Führen eines gemeinsamen Haushaltes. Um den beiden Freundinnen weiteren Ärger zu ersparen, zog der Doktor zunächst aus seinem eigenen Haus aus und man ließ die Haushalte durch einen Umbau räumlich trennen, um dem Gesetz genüge zu tun. Doch dies half ihnen nichts. Die Anklage wurde nicht fallengelassen, mit der Begründung, daß Oskar Moses 'die Mahlzeiten noch gemeinsam mit den Geschäftsfrauen einnehme und die Aufwartung [d. h. Dienstmädchen] zugegen sei'. Dies verstieß gegen §3. des sogenannten Blutschutzgesetzes. Dort heißt es: Juden dürfen weibliche Staatsangehörige deutschen oder artverwandten Blutes unter 45 Jahren nicht in ihrem Haushalt beschäftigen. Der Versuch, durch den Umbau dem rassistischen Gesetz zu entsprechen, wurde den Beteiligten bei der Urteilsfindung strafverschärfend ausgelegt. Es wurde eine Geldstrafe von insgesamt 900 RM verhängt, wobei der Staatsanwalt für Oskar Moses drei Monate Zuchthaus gefordert hatte. Neben der Geldstrafe dürfte die Beteiligten die Veröffentlichung privater Details sowohl im Gerichtssaal als auch in der Presseberichterstattung besonders getroffen haben. Liest man heute die Zeitungsausschnitte, so irritiert weniger der Stil der eher nüchtern geschriebenen Artikel. Erschütternd ist vielmehr die Tatsache, mit welcher Selbstverständlichkeit die von der nationalsozialistischen Justiz neugeschaffenen 'Straftatbestände' von der Öffentlichkeit akzeptiert wurden. Berichte über 'Rassenschande' stehen neben solchen über Zechprellerei oder Wechselbetrug. Die verhängte Strafe war indes einigen offensichtlich noch nicht genug, denn die Thüringer Ärztekammer strebte ein Berufungsverfahren gegen den schwerkranken Moses an. Eine weitere Anklage mußte der Arzt jedoch nicht mehr über sich ergehen lassen, denn der noch 1937 nach Leipzig gezogene Moses starb wenige Monate später – wohl nicht zuletzt auch wegen der Aufregung um den Prozeß.

Station 8: Stadtsparkasse

Der Architekten Crienitz, der u.a. auch die Thüringenhalle 1941 entwarf, gestaltete auch diese Haus. Für den Entwurf der Thüringenhalle blieben ihm die braunen Bauherren jedoch das Honorar schuldig. Crienitz war bis 1933 Mitglied der Freimaurerloge „Loge Karl zu den drei Adlern", die in der Turniergasse ihren Sitz hatte. 1933 erfolgtedie Liquidierung durch die NSDAP. Der Oberbürgermeister Kießling war 1933 Vorstandsvorsitzender der Sparkasse EF. Hierzu später mehr.

Station 9: Rathaus

Das Rathaus ist neugotisch und wurde zwischen 1870 und 1875 errichtet. In einer Zeit, in der allgemein in der Stadt die Gründerjahre „durchschlugen". Stadtrat war von 1908 bis 1933 Rudolf Walther. Er wurde 1933 abgelöst auf Grundlage des „Gesetzes zur Wiederherstellung des Berufsbeamtentums" und starb 1941. In dieser Zeit war er auch Leiter des Bauamtes, Baugewerksmeister, Obermeister Maurerinnung, Vorsitzender Innung Maurer- und Zimmermeister. Er war ein sehr fleissiger Maurermeister. Zudem war er beteiligt an der Versicherungsgesellschaft Thuringia zwischen 1898 – 1905. Er hatte eine kleine Baufirma in der Melchendorfer Str. 32, später Nr. 41. Er erlebte die Amtszeit zweier Oberbürgermeister, Schmidt und Mann. Der Bürgermeister Paul Lüddeckens war Bürgermeister für 2 Wahlperioden. In den Jahren 1907 bis 1919 während der Amtszeit des nationalliberalen OB Dr. Hermann Schmidt und 1920 bis 1931 während der Amtszeit des parteilosen Dr. Bruno Mann. Er erhielt die ehrende Plakette der Stadt Erfurt „Für besondere Leistungen und Verdienste", die nach Hans Walther modelliert war. Er erhielt auch das Eisernes Kreuz am schwarz- weissen Band. Unter seiner Ägide wurde der Flughafen mit Anschluss an große Verkehrslinien, Landesarbeitsamt für Mittelthüringen in der Schillerstraße, die Pädagogische Akademie und Siedlungen für Angestellte und Arbeiter betrieben. Der Stadtverordneter Ernst Benary war der erste jüdische Stadtverordnete neben Bankier Moos im Jahr 1863. Der Oberbürgermeister Dr. Bruno Mann war OB von 1920 – 31 und Mitglied im „Erfurter Spar- und Bauverein". Der Stadtrat Ferdinand Schmidt war Maurermeister und Bauunternehmer. Er war beteiligt am Synagogenbau, am Aktienbad, am Lehrerseminar (später orthopädische Klinik), Hauptpost, Steigerbrauerei, Ohlenrothsche Buchdruckerei, rechter Teil des Gildehaus, Villa Stürcke, Kaufhaus

Germania, Gymnasium Schillerstr., Thomaskirche. Er war auch der 1. Vorsitzender des 1898 gegr. Gemeinnützigen Gesellschaft „Erfurter Spar- und Bauverein". Er fertigte unentgeltlich Zeichnungen und Baupläne an, war die ehrenamtliche Bauaufsicht und finanzierte mit eigenen Geldmitteln den unverzüglichen Baubeginn. Oberbürgermeister Kießling war seit 1936 OB in Erfurt, zuvor ab 1933 in Gera. Er war ein überzeugter NSDAPler . Er hatte viele Ämter inne, z.B. Vorstandsvorsitzender Sparkasse, viele Vereine. In Verdun machte er positive Erfahrungen und erhielt das Eisernes Kreuz 1. und 2. Klasse. Er engagierte sich seit 1923 im „Stahlhelm". Er war seit 1931 Mitglied in der SA. Sein Kommentar zum Synagogenbrand war, er habe „ (…) noch nie eine so schön brennende Synagoge gesehen". 1939 8 Wochen in Torún (Thorn) Polen zur Germanisierung, für das „Deutsche Aufbauwerk im Osten". Auch hier erhielt er das Kriegsverdienstkreuz. Im Jahr 1945 flüchtete er nach Göttingen.

Station 10: Nationalsozialistischer Lehrerbund
Geschäftsführung Anger 26 (jetzt Geschäft NewYorker)

Der Nationalsozialistische Lehrerbund (NSLB) war ein der Parteigliederung der NSDAP angeschlossener Verband. Er entwickelte sich ab 1933 zur alleinigen Lehrerorganisation im NS-Staat und bestand bis 1943. Die Anfänge des NSLB gehen auf ein Treffen der Lehrer am Rande des Reichsparteitages der NSDAP am 3./4. Juli 1926 in Weimar zurück. Die offizielle Gründung erfolgte 1927 in Hof und wurde von dem suspendierten oberfränkischen Lehrer und bayerischen Landtagsabgeordneten Hans Schemm (1891–1935) als lose Vereinigung nationalsozialistischer Lehrer ins Leben gerufen. Das oft genannte Gründungsdatum 21. April 1929 beruht auf einer nachträglichen Korrektur, durch die Schemms Nachfolger Fritz Wächtler zum Gründungsmitglied hochstilisiert wurde. Ende 1929 zählte der NSLB gut 200 Mitglieder; im Januar 1933 waren es 11.000. Nach der Etablierung des NS-Regimes durch das Ermächtigungsgesetz vom 24. März 1933 und das sogenannte Gesetz zur Wiederherstellung des Berufsbeamtentums vom 7. April 1933 machte sich Schemm daran, den NSLB zu einer Einheitsorganisation aller Erzieher – unabhängig von Aus- und Vorbildung und Tätigkeitsbereich – auszubauen. Das geschah zum einen durch Werbung von Einzelmitgliedern, die nach der Aufnahmesperre vom Mai 1933 nicht mehr der NSDAP angehören mussten, und zum anderen durch den (unter Druck erfolgten) korporativen Beitritt der bestehenden Lehrerverbände zu einer vom NSLB dominierten Deutschen Erziehergemeinschaft. Nur die Allgemeine Freie Lehrergewerkschaft Deutschlands und der Allgemeine Deutsche Lehrerinnenverein kamen dem durch ihre Selbstauflösung zuvor. Die „Deutsche Erziehergemeinschaft" wurde am 8. Juni 1933 in Magdeburg feierlich proklamiert und bald als „Potsdam der Lehrerschaft" bezeichnet. Gegen ihre Gleichschaltung sträubten sich allerdings der Philologenverband, der Bayerische Lehrerverein und einige weitere Organisationen und bildeten im Dezember 1933 unter der Schirmherrschaft von Reichsinnenminister Wilhelm Frick eine konkurrierende Erziehergemeinschaft. Schemm setzte sich im NSDAP-internen Machtkampf durch. So wurde der NSLB zu einer Massenorganisation mit rund 300.000 Mitgliedern (1938), von denen 70 Prozent Volksschullehrer waren. Ein Drittel der Lehrerschaft war zusätzlich zur NSLB-Mitgliedschaft auch Mitglied der NSDAP. Unter dem Dach des NSLB bestanden alte Organisationsstrukturen fort, und zwar in Form von sieben Fachschaften, in denen manche Funktionäre der alten Lehrerverbände ihre Arbeit zunächst fortsetzen konnten. Quer zu dieser Gliederung wurden 1934 zwölf Sachgebiete wie Schullandheime, Lehrerbildung und Rassefragen eingerichtet. Als Hauptaufgabe wurde dem NSLB 1936 in einem Abkommen mit dem Reichserziehungsminister Bernhard Rust die politisch-weltanschauliche Schulung der Erzieher im nationalsozialistischen Sinne zugewiesen. Diesem Zweck diente das Konzept der sogenannten „Lagerschulung": In insgesamt 29 Gauschulen und 57 festen Schulungslagern des NSLB (1936) wurden für alle Lehrer obligatorische, jeweils mehrwöchige, themenspezifische „Lehrerlager" zu deren weltanschaulicher Schulung durchgeführt. Auch organisierte Bergtouren für Lehrer gehörten in sogenannten Reichsaustauschlagernz zum Angebot. Sitz des NSLB war das 1936 fertiggestellte Haus der Deutschen Erziehung in Bayreuth. Das publizistische Zentralorgan des NSLB erschien von 1929 bis 1945 unter drei verschiedenen Titeln: Von August 1929 bis Juni 1933 als Nationalsozialistische Lehrerzeitung. Kampfblatt des nationalsozialistischen Lehrerbundes (NSLZ); von Juli 1933 bis März 1938 als Reichszeitung der deutschen Erzieher. Nationalsozialistische Lehrerzeitung (RZDE) und von April 1938 bis Januar/Februar

1945 als Der Deutsche Erzieher. Reichszeitung des Nationalsozialistischen Lehrerbundes (DDE). Für Schüler gab der NSLB die Zeitung Hilf mit! heraus, die eine rassistische und judenfeindliche Propaganda in völkisch-harmonistische Rahmenerzählungen verpackte und mit einer Auflage von fünf Millionen Exemplaren pro Ausgabe jeden Monat annähernd die gesamte Schülerschaft ab dem Alter von 10 Jahren erreichte. Im Rahmen der rassenpolitischen Erziehungsarbeit wurde 1935 eine „Stelle für Sippenforschung" geschaffen, deren Ergebnisse aber zunächst über „ein gewisses Liebhabertum" nicht hinauskamen. Daher verfügte die Reichsleitung im Frühjahr 1937, dass jedes NSLB-Mitglied bis zum 1. Mai 1939 einen bis 1800 zurückreichenden Ahnennachweis (Ariernachweis) zu erbringen habe. Ziel war es, in Zusammenarbeit mit dem Rassenpolitischen Amt der NSDAP „eine umfassende sippenkundliche Bestandsaufnahme des deutschen Volkes durchzuführen". Auf Tagungen wurde den Mitgliedern gezeigt, wie die Ahnentafeln auszufüllen waren und wie man die nötigen behördlichen Urkunden erlangte. Im Zweiten Weltkrieg kamen diese Aktivitäten bald zum Erliegen. Der Einfluss des NSLB innerhalb des NS-Herrschaftssystems blieb begrenzt, weil die Hitlerjugend der Parteiführung besser geeignet erschien, gesinnungstreue Nationalsozialisten hervorzubringen. So kam ein Angehöriger der Exil-SPD 1938 zu der Einschätzung: „In dem Kampf zwischen Reichsjugendführung und NSLB ist die erstere die stärkere, die aggressivere und die hemmungslos auf den Machtanspruch des Nationalsozialismus eingestellte Organisation." Nac h Kriegsbeginn verlor der NSLB im Machtgefüge des Dritten Reiches weiter an Bedeutung. Sein Versuch, Lehrerinteressen zu vertreten, trug ihm seitens der Parteiführung den Vorwurf „gewerkschaftlichen" Verhaltens ein. Im Februar 1943 wurde er im Zuge kriegsbedingter Vereinfachungsmaßnahmen offiziell „stillgelegt" und damit faktisch aufgelöst. In der Publikation von Müller/Ortmeyer wird der NSLB gleich im ersten Satz als eine „verbrecherische Organisation" bezeichnet, „die nach dem 8. Mai 1945 von den Alliierten mit gutem Grund verboten wurde." Diese Formulierung erweckt den Eindruck, als gehe die Charakterisierung als verbrecherische Organisation auf die Alliierten zurück. Dies ist aber nicht der Fall. Zwar gehörte der NSLB zu den 64 Naziorganisationen, die durch das Kontrollratsgesetz Nr. 2 vom 10. Oktober 1945 verboten wurden nicht jedoch zu den vier Personengruppen, die im Nürnberger Prozess gegen die Hauptkriegsverbrecher als „verbrecherisch" beurteilt wurden (Führerkorps der NSDAP, Gestapo, SD und SS). Der Bewertung der Autoren fehlt somit jede Begründung. Ebenso fragwürdig ist die wiederholte Behauptung, der Beitritt der alten Lehrervereine zum NSLB sei völlig freiwillig erfolgt. Hier werden Einschüchterung und Terror des NS-Regimes ausgeblendet. Zum Beispiel trat der Vorsitzende des Deutschen Philologenverbandes, Felix Wilhelm Behrend, schon Ende März 1933 zurück, weil er zuvor von SA-Leuten überfallen und schwer misshandelt worden war.

Der NSLB besaß folgende Organisationsstruktur:
Reichsamtsleiter:Hans Schemm (1929–1935) bzw. Fritz Wächtler (1935–1943)
Stabsleiter/Geschäftsführer (bis August 1936):Max Kolb
Organisation/Geschäftsführer (1936–42): Heinrich Friedmann (gefallen 1942)
Presse und Propaganda: Heinrich Hansen, ab 1939 Walter Arnold
Wirtschaft und Recht: Andreas Tränkenschuh
Schatzmeister: Hugo Jünger
Hauptabteilung Erziehung und Unterricht: Georg Roder bis Frühjahr 1935,Hans Stricker (geb. 1897)
Schulung: Carl Wolf

Schrifttum: Paul Georg Herrmann, ab 1942 Walter Arnold

Für einzelne Fächer, fachübergreifende Gebiete oder die Schularten wurden, meist im Nebenamt, Reichssachbearbeiter und Reichsfachschaftsleiter ernannt (auch Reichswalter genannt), oft ehemalige Funktionäre der aufgelösten Fachverbände, denen auf der Gauebene Gausachbearbeiter und darunter Kreissachbearbeiter zugeordnet waren, z.B.:

Alte Sprachen: Friedrich Eichhorn, Stv. Herbert Holtorf
Deutsch: Alfred Huhnhäuser
Neuere Fremdsprachen: Heinrich Fischer
Rassefragen: Karl Zimmermann
Philosophie, Psychologie, Pädagogik: Johann Baptist Rieffert
Geschichte: Moritz Edelmann
Erdkunde: Albrecht Burchard, ab 1940 Friedrich Knieriem
Geopolitik: Johann Ulrich Folkers
Staatsbürgerkunde: Walther Wallowitz (1904–1943)
Kunsterziehung: Herrmann Dames, Robert Böttcher
Musikerziehung: Karl Landgrebe
Leibeserziehung: Hans Berendes (bis 1939), Albert Hirn (Stv.), Otto Stadermann (ab 1942)
Sprecherziehung: Fritz Gerathewohl
Schrift, Schreiben, Erstunterricht: Friedrich Sammer
Weibliche Erziehung: Auguste Reber-Grube
Hauswirtschaft: Grete Buck (Nadelarbeit)
Biologie und Naturkunde: Ernst Lehmann
Mathematik und Naturwissenschaften: Kuno Fladt (ab 1937)
Physik: Karl Hahn (ab 1936)
Reichsfachschaft I Hochschulen: Joachim Haupt (als Nationalsozialistischer Deutscher Dozentenbund 1935 abgetrennt)
Reichsfachschaft II Höhere Schulen: Rudolf Benze, ab 1936 Karl Frank
Reichsfachschaft III Mittelschulen: Nikolaus Maaßen

Reichsfachschaft IV Volksschulen: Ernst Bargheer
Reichsfachschaft V Sonderschulen: Paul Ruckau, ab 1938
Fritz Zwanziger,
Gruppe Hilfsschulen: Alfred Krampf; Gruppen Blinde;
Taubstumme; Anstaltsschulen
Reichsfachschaft VI Berufs- und Fachschulen: Walter Pipke
(* 1899)
Reichsfachschaft VII Sozialpädagogische Berufe: Hans
Volkelt 1934–1938,
Gruppe Ki Ho Ju Elisabeth Noack; Gruppe Lehranstalten
Luftfahrt und Luftschutz: Edgar Winter
Geländesport und Wehrerziehung: Erhard Linß (1898–1975),
OStD in Kamenz
Schullandheime: Rudolf Nicolai bis Oktober 1935
Schulfunk: Georg Brendel

Die mächtige „Reichsreferentin für weibliche Erziehung" im
Verband war Auguste Reber-Gruber, eine von vier führenden
weiblichen Nazifunktionären überhaupt. Im Juli 1935 wurde
die zunächst mit organisierte Hochschullehrerschaft
ausgegliedert und im Nationalsozialistischen Deutschen
Dozentenbund (NSDDB) verbunden.

Station 11: Neuwerkstraße 7

In der Neuwerkstraße 7 befand sich in der Zeit von 1907 bis 1940 die Firma Greiffenhagen & Bettsack. Das Schicksal der auf die Herstellung von Damenmänteln spezialisierte Firma veranschaulicht die Mechanismen der sukzessiven Ausgrenzung von jüdischen Unternehmen aus dem Wirtschaftskreislauf. Die Neuwerkstr. 7 wurde 1898 nach Entwürfen des Architekten Hugo Hirsch gebaut. Der Erbauer war Max Pinkert. Alle alten Gebäude davor werden abgerissen. 99.000 Reichsmark waren die Baukosten. Der Bau war vermutlich der erste moderne Skelettbau in Erfurt. Früher hieß das Gebäude „Zur roten Rose" vor 1638. Das Haus war der Gildesitz von Bierbrauern, Ledergerbern und der Waidaufbereitung. Ab 1822 hieß das Gebäude „Zum bunten und neuen Haus". 1893/94 war der Besitzer Theodor Arnim. Er baut 2 Geschäfte und die spätklassizistische Fassade ein. Seit 1829 ist im Haus ein Grosshandel mit Landesprodukten, Öl, Drogen, Wichse und Stahlwaren untergebracht. Seit 1899 ist dort das „Photographische Atelier" von J. Benade, das sich ursprünglich am Anger 21 befand und 1906 von Albert Schöllhammer übernommen wurde. Ab 1928 ist im 2. und 3. OG eine „Lichtbildwerkstätte". Von 1920 bis 1967 war dort eine Kaffeegrossrösterei von Bruno und Werner Streblow. Ab 1907 ist die Damenmäntelfabrik Greiffenhagen & Bettsack im 1. und 2. OG. Ursprünglich war die Firma Am Anger 3, sie wurde 1893 gegründet. Adolf Greiffenhagen starb 1910, die Witwe Johanna Greiffenhagen übernahm. Rudolf Greiffenhagen trat 1920 als Prokurist in die Firma ein. 1935 gab es ein amtliches Schreiben der NSDAP, mit der „dringenden Warnung vor dem Einkauf bei nichtarischen Firmen wie Greiffenhagen & Bettsack". 1940 wurden Mutter und die Söhne Rudolf und Heinz in die USA ausgebürgert. Die heutigen Schaufenster haben die Größe von 1893. Ein Herkules mit einem Löwenfell über dem Balkon soll übermenschliche Kräfte beschwören und hält Wache. Der Schriftzug Augusta zeigt den Hausbesitzerstandort in Augsburg an. Es sind auch personifizierten Erdteile zu sehen einen schnauzbärtiger behelmter Europäer, einen Asiate mit Hut und langem Zopf, einen Afrikaner mit Halskette und ein Indianer mit Kopfschmuck. Entweder deutet das auf schon bestehende Handelsbeziehungen hin oder diese wurden beschwört. Außerdem sind viele Früchte zu sehen: Birnen, Weintrauben, reich belaubt, Granatäpfel, Mohnkapseln sollen Fruchtbarkeit und Reichtum verkünden oder ankündigen. Der Balkon wurde von Carl Kuntze hergestellt, wie auch das Rankenwerk am Portal.

Die Frau im Nationalsozialismus

1.1 Entwicklung der Frau

Gegen Ende des 19. Jahrhunderts begann die Frau immer selbständiger zu werden, man traf sie häufiger in der Arbeitswelt an. Dadurch änderte sich auch ihre Einstellung, da sie jetzt selbst Geld verdiente, wollte sie auch Gleichberechtigung. Dazu gehörte, dass sie die gleichen Ausbildungsmöglichkeiten und die gleichen Löhne verlangte. Auch der Zugang zu den Berufen und in die Politik sollte ihr nicht mehr erschwert werden. Diesen Vorgang nannte man die Emanzipation der Frau. Sie wurde auch noch indirekt durch den 1. Weltkrieg gefördert. Ein ganz wichtiges Ereignis 1918 war, dass nun auch die weibliche Bevölkerung das Wahlrecht erhielt. Von nun an wurde die Frau nicht mehr nur als Ehefrau des Mannes angesehen oder einfach nur als Mutter. Dadurch erlangte die Frau auch ein noch nie dagewesenes Selbstbewußtsein, welches sich auch erstmals in der Mode ausdrückte. Doch dieses neue Erscheinungsbild war ganz neu für viele Männer und verständlicherweise sahen sie diese Emanzipation als Bedrohung an. Es entstand ein Konkurrenzkampf, auch in der Berufswelt. Männer verlangten vermehrt, dass sich die Frauen wieder zurück an den Herd begeben. Als Rechtfertigung nahmen sie die Abnahme der Bevölkerung, welche anscheinend auf die Berufstätigkeit einiger Frauen zurückzuführen war. Schon damals gab es einige wenige Frauen, die von ihrer Arbeit überzeugt waren. Sie vertraten die Ansicht, dass ihre Fähigkeiten nicht minderwertiger sind als die der Männer. Die Nazis wollen diese Emanzipation nicht zulassen. Ganz im Gegenteil, dem Nationalsozialismus ist es ein Anliegen, den Fortschritt der Frau aufzuhalten. Diese Frauenbewegung und die Eigenständigkeit im Beruf sei schlecht. Sie verursachte nur

Arbeitslosigkeit. Viele Männer stimmten mit dieser Meinung überein.

1.2 Wert und Erscheinungsbild

Laut dem Nationalsozialismus hat jede Frau einen bestimmten Wert, dieser kann aber durch gewisse Sachen gesteigert werden. Erstmals erlangt eine Frau durch die Heirat größeres Ansehen. Noch wertvoller wird sie durch die Mutterschaft. Andere Möglichkeiten, um den Frauenwert zu steigern, sind die Beweise des deutschen Blutes, Schönheit und Klugheit. Es war wichtig, dass man die deutsche Frau auf den ersten Blick erkennen konnte. Dazu gehörte in erster Linie eine ordentliche und gepflegte Kleidung. Ein Zitat dazu von Goebbels lautet: "Die Frau hat die Aufgabe, schön zu sein und Kinder zur Welt zu bringen."

1.3 Aufgabe

Es wurden bestimmte Anforderungen an die Frau gestellt. Die Worte "Mutterschaft, Hausfrauendasein und frauliche Arbeit" wurden groß geschrieben. Das Muttersein steht an erster Stelle, von jeder Frau wurden mindestens 4 Kinder erwartet. Das Einsatzgebiet der deutschen Frau war der Haushalt. Um erfolgreich eine Familie zu führen, mussten Hausfrauen Eigenschaften wie Sparsamkeit, Ordentlichkeit und Sauberkeit besitzen. Außerdem musste die Frau gute Erfahrungen im Kochen, in der Gartenarbeit und beim Nähen von Kleidungsstücken mitbringen. Um dies alles zu erlernen konnte man sogenannte "Mütterschulen" besuchen. "Ihr könnt nicht alle einen Mann kriegen, aber Mutter könnt ihr alle werden!" Somit steht die Mutterschaft über dem Ehefrauendasein. Aber es wird nicht nur auf die Anzahl der Kinder großen Wert gelegt, eine ideale Frau musste körperlich gesunde und arische, erbgesunde Kinder zur Welt bringen.

Doch auch auf die eigene Gesundheit wird großen Wert gelegt. Der Frau war es nicht erlaubt, Genussmittel wie Alkohol und Nikotin zu sich zu nehmen. Diese Maßnahmen sollen die Mutter und die Kinder vor Krankheiten schützen. Auch durch eine ausgewogene Ernährung kann vorgebeugt werden. Eine weitere Aufgabe der deutschen Frau war das Glauben und Dienen. Die weiblichen Deutschen sollten sich widerspruchslos aufopfern im Sinne der Regierung. Von der Idealfrau wurde verlangt, dass sie die vielen Opfer gerne für den Führer und Deutschland auf sich nahm. Man musste trotz dem Verlust von Familienmitgliedern, Not und Armut immer eine positive Einstellung haben. "Wir müssen glauben und dienen. Auch die Frauen müssen dies erkennen und danach leben. Unser aller Gebet soll sein: Deutschland, Deutschland über alles" Durch den unauslöschlichen Glauben der Ehefrauen an den Endsieg und die Regierung sollte den Männern an der Front Mut gemacht werden. Beim Gedanken an eine zufriedene Ehefrau zu Hause fiel es den Soldaten leichter, ihre oft harte Arbeit im Namen von Deutschland zu verrichten. Sollten aber Probleme bei der Frau auftreten, so waren diese Männer von ihrer Aufgabe abgelenkt und darum war der Glaube der Frau ein wichtiger Faktor. Eine Frau, die der Idealvorstellung entsprach, ließ sich auch nicht mit Fremdarbeitern, Kriegsgefangenen, Erbkranken oder Nichtdeutschen ein. Somit half sie mit, die innere Stärke von Deutschland aufrecht zu erhalten. Der einzige weibliche Gedanke sollte die Zeugung eines kräftigen Kindes sein, ihr wurde keine Befriedigung zugesprochen.

1.4 Ausbildung – Politik

"Den Mädchen sollte die Schule "eindeutig die Bildung zur kommenden Mutter" vermitteln. Nach den Richtlinien für Volksschulen war der Lehrplan so zu gestalten, daß die Mädchen vor allem "auf ihre spätere Aufgabe als Hausfrau und Mutter" vorbereitet würden." An den Mittelschulen lehrte man das Fach Hauswirtschaftslehre, wo man den Umgang mit Kleinkindern erlernte. 1937 wurde sogar das Gymnasium für Mädchen abgeschafft. Höhere Schulen konnten nur mit dem Schwerpunkt auf hauswirtschaftlichen Zweigen besucht werden. Auf die Bildung der deutschen Mädchen wurde kein großer Wert gelegt, da ihre Zukunft sowieso hinter dem Herd lag. Auch gab es Beschränkungen auf der Universität, die es nur zuließ, dass sich äußerst wenige Frauen weiterbilden konnten. Dazu ein Zitat von Friederike Matthias, Referentin in der Reichsfachschaft für Höhere Schulen, 1934 "Für die kommende Mutter des Volkes muß eine gesunde Körperschulung des Mädchens Voraussetzung sein. Der allzu großen Anhäufung von Wissensstoffen muß zugunsten des gesunden Wachstums des Mädchens Einhalt geboten werden. Das geschieht durch biologische Aufklärung, Gymnastik, Sport und Wanderungen - alles in einiger Verbindung der Schule mit dem BDM." Frauen waren nicht nur in der Bildung, sondern auch in der Politik unerwünscht. Ihnen wurden keine wirklichen Posten in der Partei angeboten. Man hatte das Recht, Parteimitglied zu werden, doch ihnen wurde keine Verantwortung übertragen. Ein Beispiel dafür ist Gertrud Scholtz-Klink. Sie war Reichsfrauenführerin, hatte aber trotz dieses Titels keinen Einfluss in der Partei.

1.5 Widersprüche

Das Idealbild und die Realität lagen meilenweit auseinander. Ein wichtiger Punkt ist jedenfalls die verpflichtende Arbeit, welche die Frauen durch den Krieg verrichten mussten. Diese Aufgabe scheint nicht im Idealbild auf, das Gegenteil ist sogar gewollt. Doch zu dieser Unstimmigkeit fiel der Regierung bald eine Erklärung ein. Der Frau oberste Aufgabe ist es, für das Wohl der Kinder zu sorgen. Und dies konnte sie laut Nazis auch durch die Verrichtung der Fabrikarbeit. Denn dies hilft dem Staat und was dem Staat hilft, ist auch zugleich zum Wohle der Kinder. Also vernachlässigt die Mutter nicht ihr Kind, im Gegenteil, sie hilft ihm indirekt. Weiters war es keine Frage, dass Waffen nicht für Frauen bestimmt waren. Der Mann hatte als stärkeres Geschlecht die Pflicht, die schwache Frau zu schützen. Doch durch den Krieg wurde auch dieser Vorsatz gebrochen. Es war zwar nicht die Idee der Führung, bewaffnete Frauen einzusetzen. Dennoch gab es diese Gruppen von kämpfenden Frauen, die nichts mehr mit schwachen, hilfsbedürftigen Menschen zu tun hatten. In Wirklichkeit hatten die Frauen überhaupt keine verantwortungsbewusste Rolle im Nationalsozialismus. Doch so öffentlich wollte man das nicht zugeben, man wollte die Frauen nicht verärgern. Also versuchte man sie von der Realität abzulenken, indem man sich ständig neue Ehrungen und Abzeichen ausdachte. Die Frauen wurden für ihre Fähigkeiten gelobt um bei Stimmung gehalten zu werden. Lobung erhielt man durch Einsatzfreudigkeit, Pflichttreue, Aufopferung, Leistung und Verzicht. Diese Auszeichnungen hatten Namen wie zum Beispiel: Kriegsverdienstkreuz, Ehrenzeichen für deutsche Volkspflege, Verwundetenabzeichen, usw. Verständlicherweise fühlten sich viele Frauen dadurch geehrt und sie vergaßen ihre Mühen und Opfer. Sie sahen den Nationalsozialismus gleich aus einem anderen Blickwinkel und somit konnte die Regierung viele voraussehbare Probleme beseitigen.

2. Muttertag und Mutterkreuz

" Die deutsche kinderreiche Mutter soll den gleichen Ehrenplatz in der deutschen Volksgemeinschaft erhalten wie der Frontsoldat, denn ihr Einsatz von Leib und Leben für Volk und Vaterland war der gleiche wie der des Frontsoldaten im Donner der Schlachten."

2.1 Geschichte des Muttertages

Der Muttertag war keine Erfindung des Dritten Reiches, es gab ihn schon vorher. 1914 wurde dieser besagte Tag im Mai als Staatsfeiertag eingeführt. Auch in Deutschland wollte man diese Idee übernehmen, der Gedanke ging 1922 von Blumengeschäften aus. Dadurch wollte diese Industrie die Geschäfte anregen. An diesem besonderen Tag sollte die Mutter geehrt werden, dies konnte auch dadurch geschehen, dass man der Verstorbenen Blumen ans Grab stellte. Auch die Parfümgeschäfte und Verkäufer von Porzellanartikeln und Süßwaren sahen diese Ehrung als großen Gewinn. Somit ist der Muttertag mit Geschenken verbunden. Trotz dieser "Schattenseite" gewinnt er immer mehr an Bedeutung. Der Muttertag wird für die Familie genutzt, er soll aber auch erinnern, dass eine Mutter nicht arbeiten geht. 1927 wurde veranlasst, dass Mütter mit 10 - 12 Kindern öffentlich Geschenke erhielten. Das wird als Vorgang des Mutterkreuzes angesehen. Der Muttertag hat aber auch noch andere Hintergründe als den Profit der Geschenkeindustrie. Die Wichtigkeit des Nachwuchs sollte verbreitet werden und gleichzeitig wurde gegen Abtreibung angekämpft. Auf der einen Seite spricht man auch die Opfer an, aber die schönen Zeiten werden ebenfalls wieder in Erinnerung gerufen. Die Nationalsozialisten sprechen den geschäftlichen Vorteil an, wollen aber die Geschenke keineswegs verbieten. Ihnen ist es von Bedeutung, dass der wahre Grund - die Ehrung der Mutter - an erster Stelle steht. Ab 1934 wird der Muttertag als Feiertag von der Regierung anerkannt.

2.2 Zwecke für den Nationalsozialismus

Natürlich verbirgt der Muttertag auch einen bestimmten Nutzen für die Partei. Dieser Tag ist also keine Erfindung der Nazis. Somit feierten auch diejenigen mit, die keine Anhänger des Nationalsozialismus waren. Sie kamen der Führung ungewollt näher, was gute Werbung für die Partei war. 1939 wurde die Ehrung mit einem Abzeichen, dem sogenannten Mutterkreuz, abgehalten. Auch wurde der Muttertag genutzt, um das Mutterschutzgesetz zu verkünden. Aufgrund dieser Veranstaltung führte man auch Sammlungen durch, die aber nicht nur der Mutter zu Gute kamen. Sollte man sich weigern zu spenden, hätte dies schlimme Folgen haben können, sogar die Einlieferung in ein Konzentrationslager.

2.3 Verleihung

Es gab drei verschiedene Abzeichen, die eine Frau bekommen konnte. Dies war abhängig von der Kinderanzahl.
 bei 4 - 5 Kindern erhielt man Bronze
 bei 6 - 7 Kindern erhielt man Silber
 bei mindestens 8 Kindern erhielt man Gold
Der Antrag zu dieser Auszeichnung konnte der Bürgermeister oder der Ortsgruppenleiter einreichen. Die vorgeschlagenen Frauen wurden anschließend genauestens überprüft, meist wurden die entsprechend benötigten Informationen von den Blockwarten eingeholt. Folgende Bedingungen musste man unbedingt erfüllen "Das Ehrenkreuz der Deutschen Mutter können Mütter erhalten: falls a) die Eltern der Kinder deutschblütig und erbtüchtig sind, b) die Mutter der Auszeichnung würdig ist, c) die Kinder lebend geboren sind"[8] Vorne auf dem Abzeichen ist "Der Deutschen Mutter" vermerkt. Auf der Rückseite steht "Das Kind adelt die Mutter"

2.4 Gegensätze zwischen Müttern

Der Mutterkult im Dritten Reich begrenzte sich ausschließlich auf die deutsche, arische Frau, die bereit war, großen Nachwuchs in die Welt zu setzen. Polnische, russische und jüdische Mütter wurden nicht als ganze Menschen betrachtet und man verfolgte sie. Bei Widerständlern wurden sogar Kinder benutzt um Druck für ein Geständnis auszuüben. Es galt auch die Ansicht, dass der Stärkere das Recht hat zu überleben. Somit sollten die "wertvolleren" Menschen mehr Nachwuchs haben als die Schwächeren. Bei "minderwertigeren" Personen wurde sogar mit Gewalt verhindert, dass sie Kinder hatten, d. h. dass Kranke, Behinderte und Widerständler einfach zwangssterilisiert wurden. Das war eine Maßnahme der Regierung um die Reinheit und ein hochwertiges deutsches Volk zu erhalten. Eine eventuelle "Entartung" der Bevölkerung wurde einfach den Juden zugeschrieben. Laut Nationalsozialismus sind die Juden eine Bedrohung für Deutschland. Man hatte Angst, dass durch jüdische Vermehrung die Rasse vermindert wird und dass sie sogar die Oberhand gewinnen. Der einzige Ausweg ist die Vernichtung. Deutsche und arische Frauen, die keinen Nachwuchs hatten, waren auch unbedeutend und wurden nicht akzeptiert. Die Nationalsozialisten hatten ihre eigenen Methoden, um die Frauen zur Mutterschaft zu bringen. Einige Anreize um die Sache schmackhaft zu machen waren: Verleihung des Mutterkreuzes, Ehestandsdarlehen, 1 Kinderbeihilfen: "Kinderermäßigungen wurden beinahe verdoppelt, laufende Beihilfen an kinderreiche Familien, 10 RM für das fünfte und jedes weitere Kind monatlich, die "biologische Leistung" war ganz entscheidend." Doch gab es auch Maßnahmen, die das Kinderkriegen förderten 1 Verbot der Abtreibung, 1 Verhütungsmittel beschränkt erhältlich und die Propaganda wünschte kinderreiche Ehen.

3. Die Frau in der Arbeitswelt

Die deutsche Frau hatte die Aufgabe Hausfrau und Mutter zu sein, außerhäuslichen Arbeiten sollte sie nicht nachgehen. Die "Natur" wollte, daß die Frau nur Gattin und Mutter ist und deshalb soll sie die Arbeit im Büro, der Fabrik und im

Parlament dem Manne überlassen. Einzig und allein frauengemäßen Berufen wie Pflegerin, Lehrerin, Krankenschwester oder Landwirtin durfte noch nachgegangen werden. Die Berufstätigkeit der Frau wurde am Anfang dieser Diktatur strengstens bekämpft. Durch die Weltwirtschaftskrise 1929 waren über 6 Millionen Deutsche arbeitslos - dafür wurde die Schuld auch auf die berufstätige Frau geschoben. Mit dem harten Berufsverbot wurden wieder Arbeitsplätze für die Männer frei. Dabei verloren vor allem die Frauen ihren Job, deren Männer ebenfalls berufstätig waren. Ihnen wurde sogar vorgeworfen, daß sie sich ungerechtfertigt bereicherten, obwohl sie nur ums Überleben kämpften. Aber diese Art der Politik hatte zahlreiche Anhänger, nämlich männliche Arbeitslose und Alleinverdiener. Um sich für diesen Vorgang zu rechtfertigen warfen die Nationalsozialisten der Frau vor, die Männer aus ihren Berufen zu verdrängen. Jedoch war dieser Berufswechsel nicht so leicht, denn wie soll ein ungelernter Mann zum Beispiel in der Textilbranche den Job einer erfahrenen Näherin übernehmen? Auch ließ die Leistung der Männer im Gegensatz zu den Frauen oft zu wünschen übrig. Denn in diesen sogenannten "Frauenberufen" kam es oft auf Geschicklichkeit an und in diesem Gebiet konnten die Männer nun einmal nicht mit den Frauen konkurrieren. Ein anderer wichtiger Punkt war, dass Frauenarbeit billiger war als Männerarbeit. Aus diesen Gründen wollten viele Firmen nicht auf ihre Mitarbeiterinnen verzichten. "In einer Schraubenfabrik wurde festgestellt, daß die Leistung der männlichen Arbeitskräfte beim Aufschneiden der Schrauben und Muttern merklich hinter der Leistung der Frauen zurückblieb, die ihren Arbeitsplatz auf Betreiben der Behörde abgetreten hatten...." Obwohl die Zahl der Beamtinnen schon minimal war, gab es gesetzliche Vorschriften, die sogenannten "Doppelverdiener" zu entlassen. Viele der männlichen Mitstreiter nützten diese Gesetze aus, um die Frauen abzusetzen. Aber dieser Austausch brachte nicht den gewünschten Erfolg und somit wurde diese Diskriminierung ab 1934 weniger scharf durchgeführt. Es war den Nationalsozialisten ein großes Anliegen, die Frauenemanzipation zu unterdrücken. Somit wurden bei der Arbeitsverteilung die Männer bevorzugt. Die Nazis hatten aber auch noch andere Mittel um die deutsche Frau von der Arbeit fern zu halten. Dazu gehörten das Ehestandsdarlehen, das nur ausbezahlt wurde, wenn die Frau nicht berufstätig war und die Heiratsbeihilfe. Diese Beihilfen lösten anfangs einen wahnsinnigen Boom aus. Durch vermehrte Heiraten sank die Zahl der weiblichen Arbeitnehmer, aber auch nur vorübergehend. Schon 1935 ließ der Boom nach und die Zahl der berufstätigen Frauen begann erneut zu steigen. Mit all diesen Maßnahmen haben die Nazis genau das Gegenteil erreicht von dem, was sie ursprünglich wollten. Voraussetzung für den Erhalt des Ehestandsdarlehen waren: "a) die Frau musste mindestens 6 Monate lang im Inland gearbeitet haben; b) die künftige Ehefrau muss spätestens ab der Eheschließung die Arbeit aufgeben; c) die Ehefrau darf nicht arbeiten solange der Ehemann nicht als hilfsbedürftig im Sinne der Vorschrift über die Gewährung von Arbeitslosenunterstützung betrachtet wird oder das Ehestandsdarlehen getilgt ist." Der eigentliche Grund, warum die Frauen berufstätig waren, war die schlechte finanzielle Situation. Ständig stiegen die Lebensmittelpreise und die Löhne wurden sehr niedrig gehalten. Das daraus gewonnene Geld wurde für den Aufbau der Rüstung verwendet. Es ist ersichtlich, dass der Lebensstandard der deutschen Familie sehr niedrig war. Auch musste man für die spärlich vorhandenen Wohnungen sehr viel an Miete bezahlen. Frauen konnten sich also gar nicht erlauben, nur einzig und allein ihrem Job als Hausfrau und Mutter nachzugehen. Durch die Aufrüstung wurden zahlreiche Arbeitskräfte benötigt. Zuerst wurden diese Jobs männlichen Bewerbern angeboten, vor allem denjenigen, die aus dem landwirtschaftlichen Bereich kamen. Somit wurden aber auch Arbeitsplätze in der Landwirtschaft frei, die von Frauen besetzt wurden. Eine Berufszählung im Jahre 1939 ergab, dass die Zahl der berufstätigen Frauen in Deutschland zugenommen hat. Dies geschah trotz den Bemühungen der Nationalsozialisten, die Frau zu Hause hinter dem Herd zu halten. Die NSDAP nahm diesen Anstieg zur Kenntnis und mußte ihn wohl oder übel tolerieren. Jedoch wurde genau beachtet, daß die Arbeit die Frau in ihrer Gebärfähigkeit nicht behindert war. Eigentlich sollten in den Fabriken die vorgeschriebenen Mutterschutzgesetze eingehalten werden, was aber oft nicht gemacht wurde. Auch die Frau nützte ihre Rechte nicht aus, denn sie benötigte das Geld von den Überstunden und der Nachtschicht. Oft waren die deutschen Frauen auch gezwungen, bis zum Tag der Entbindung ihres Kindes zu arbeiten, da die finanzielle Situation keinen längeren "Urlaub" zuließ. Nur ganz wenige Firmen bezahlten den werdenden Müttern den ganzen Grundlohn aus, damit diese die Schutzfrist beanspruchen konnten. Es wurden auch vereinzelt Stillstuben und Säuglingskrippen eingerichtet, die den Nazis zum hervorragenden Propagandazweck dienten. Den Nationalsozialisten ist es nicht gelungen, die Zahl der berufstätigen Frauen zu vermindern. Der Grund dafür ist wahrscheinlich, daß ihnen dieses Ziel nicht allzu wichtig war. Jedoch ein wichtiges Anliegen war, daß die Frau auch nur frauliche Arbeit verrichtete. Dazu zählt der Bereich der Landwirtschaft, Hauswirtschaft, Kranken- und Wohlfahrtspflege. Um den deutschen Mädchen die hauswirtschaftliche Arbeit schmackhaft zu machen, wurden ihnen finanzielle Erleichterungen zugesichert. Diese Maßnahme brachte auch viele Mädchen dazu, als Hausgehilfinnen zu arbeiten. Dieser Erfolg war aber im Verhältnis gesehen sehr gering. Auch versuchte man der allgemeinen Landflucht Einhalt zu gebieten, indem man den Frauen aber auch den Männern finanzielle Verbesserungen zukommen ließ. Diejenigen, die von der Landwirtschaft flüchten wollten, fanden keine Arbeit oder wurden wieder entlassen. Durch diese harten Mittel mußten diese Menschen wieder zurück zu ihrer ursprünglichen Arbeit. Jedoch brachte dieser Zwang auch viele Nachteile: freiwillig wurde in der Landwirtschaft keine Arbeit mehr angenommen, da man sonst später nicht mehr in einen anderen Sektor wechseln konnte. Schlussendlich musste am 29. März 1935 diese Anordnung rückgängig gemacht werden. Nun wurde die "Landflucht" ungehindert fortgesetzt - vor allem von Männern. Die harte Arbeit blieb an den Frauen hängen, die nicht das Anrecht auf Arbeits- oder Mutterschutzgesetze hatten. Diese besonders langen Arbeitszeiten - manchmal bis zu 18 Stunden am Tag - wirkten sich auch auf die Gesundheit und die Gebärfreudigkeit der Bäuerinnen aus. Oft war neben Haushalt, Familie und Wirtschaft nicht an eine Schwangerschaft zu denken. Aus diesem Grund lag der Geburtenzuwachs auch unter dem Durchschnitt. Auch war auf dem Lande die Gefahr der Früh- und Fehlgeburt sowie die Müttersterblichkeit viel höher. Obwohl dich der Staat besonders bemühte, die Frauen in der Land- und Hauswirtschaft zu beschäftigen nahm die Zahl 1939 im Vergleich zum Jahre 1933 sogar ab. Aus diesem Grunde führte der Staat 1938 das "Pflichtjahr" ein. Dieses haus- und landwirtschaftliche Jahr war für Mädchen und ledige Frauen unter 25 gedacht, die einen Beruf ergreifen wollten. Die Nationalsozialisten konnten allgemein keine Senkung der Frauenarbeit erreichen, aber diejenigen die eine Beschäftigung hatten, waren großteils ungelernt. Eine Führungsposition wurde ihnen nicht zugestanden. Ebenfalls musste unbedingt eingehalten werden, dass die Frau bei gleicher Arbeit weniger als ihr männlicher Kollege verdient. Auch gegen die vereinzelten Frauen, die eine leitende Position erreicht haben, wurde strengstens vorgegangen. Somit wurden Ärztinnen - die eigentlich in der Krankenpflege eine ihnen zukommende Arbeit verrichteten - entlassen, oder erst gar nicht in Krankenhäusern aufgenommen. Juristinnen erging es ebenso, denn es war nicht vorzustellen, dass eine Frau als Richterin gar über Männer Urteile verhängte. Sie durften nur noch Versteigerungen leiten oder Grundbuchamtsentwürfe machen. Auch an den Universitäten wurde die Zahl der weiblichen Studenten gesetzlich mit 10% niedrig gehalten. Aber wegen der geringen Berufsaussichten gaben viele Studentinnen ohnehin ihr Studium auf. Der Beruf der Lehrerin wurde auch stark reduziert. Nur noch die Volksschullehrerin wurde einigermaßen toleriert, da ihr Ansehen nicht so hoch war. Alle diese Frauen hatten die Möglichkeit, bestimmte Lehrgänge für Hauswirtschaft, Rechtsberatung und Unterweisung in Kinderkrankheit zu besuchen. Die NS-Frauenschaft nahm sich dieser Frauen an, denn auch sie war der Meinung, daß es gebildete Frauen im Dritten Reich geben sollte.

4. Frauenarbeit im Krieg

Durch den Krieg 1939 veränderte sich das Berufsleben der deutschen Frauen radikal. Viele der männlichen Arbeiter wurden an die Front geholt oder einfach für Kriegsdienste eingesetzt. Für die Frauen boten sich große Chancen, erfolgreich in der Arbeitswelt zu werden. Durch den gezwungenen Mangel an Männern mussten sie sich alleine um das Geschäftliche kümmern und gewannen dadurch auch an Selbstbewusstsein und Selbstvertrauen. Die deutsche Frau bewies, dass sie durchaus für die Familie da sein und gleichzeitig die Geschäfte betreuen konnte. Diese Entwicklung war selbstverständlich ein schwerer Schlag für die Nationalsozialisten. Viele Vorurteile wie zum Beispiel: die Frau soll nur ihrem Wesen entsprechende Arbeit verrichten, wurden entkräftet. Ebenso entdeckten viele Frauen, daß sie doch nicht so unbrauchbar für geistige Arbeiten sind wie sie immer geglaubt haben. Die

Nationalsozialisten kamen auch in einen großen Zwiespalt. Für den Tod der deutschen Männer, den der Krieg alltäglich forderte, mußte ein "Ausgleich" hergestellt werden. Deswegen sollte sich die Frau mehr denn je auf ihre Rolle als Mutter konzentrieren. Auf der anderen Seite mußten die Nazis aber auch zugeben, daß es ohne die Frau wirtschaftlich nicht so gut laufen würde. Somit mußten einige ihre Idealvorstellungen der deutschen Frau relativieren. Einige Gruppierungen wie zum Beispiel die Wehrmacht sahen diesen Vorgang als unbedingt notwendig und sträubten sich auch nicht sonderlich dagegen. Der Führer persönlich konnte sich nie mit dieser Idee anfreunden, wußte aber, daß es keine andere Möglichkeit gab. In Hinsicht auf den kommenden Krieg musste man die Bevölkerung auf eventuelle Arbeit in der Kriegswirtschaft vorbereiten. Mit Hilfe eines Arbeitsbuches konnte der Staat die Arbeitswelt besser kontrollieren. Ebenfalls wurden Gesetze festgelegt, nach denen die Nationalsozialisten befugt waren, alle arbeitsfähigen Menschen zu Diensten zu verpflichten. "Bürokratie, Militär und Wirtschaftsplanung .... waren sich .... gemeinsam darüber im klaren, daß im Falle eines Krieges eine umfassende Ausnutzung aller weiblichen Arbeitskräfte erforderlich sei und ein solcher Einsatz optimal geplant und vorbereitet werden müsse." Anfangs machte man aber schon noch einen Unterschied zwischen Männern und Frauen. Das schwächere Geschlecht wurde nur zu eher unwichtigen Arbeiten eingesetzt. Diejenigen, die vorher noch niemals gearbeitet hatten, blieben auch großteils verschont. Die Nationalsozialisten sahen diesen Einsatz der Frau in der Arbeitswelt sowieso nur als vorübergehende Notwendigkeit. Aber nach dem "Blitzkrieg" sollte die Frauenverpflichtung wieder rückgängig gemacht werden. Deutschland führte jedoch nicht nur Krieg gegen Polen, sondern überfiel auch noch Dänemark und Norwegen. Auch der folgende Feldzug gegen Frankreich erforderte schon größeren Einsatz und daher mussten auch immer mehr Frauen für Kriegsdienste herhalten. Ein Plan der Nazis war, dass alle Frauen zwischen 15 und 40 einer Meldepflicht unterliegen. Dadurch sollten sie in ihrer Arbeitsfähigkeit eingestuft werden. Dieser Entwurf sollte aber vorerst nicht publik werden, denn nach wie vor wurde noch auf die Freiwilligkeit zur Meldung der deutschen Staatsbürgerinnen gehofft. Im Geheimen wurden einige Frauen zwangsverpflichtet, aber diese Zahl hielt sich in Grenzen. Schlußendlich wurde der Plan zur allgemeinen Meldepflicht wieder verworfen, da sich die Probleme scheinbar nach dem Sieg über Frankreich in Luft auflösten. Dahinter steckte die Idee, daß man Kriegsgefangene und freie Arbeitskräfte aus den besetzten Gebieten zu Zwangsarbeit verpflichtet. Somit schien das Problem mit der verpflichteten Frauenarbeit aus der Welt geräumt zu sein und die Angesprochenen konnten sich endlich wieder ihrer wahren Aufgabe widmen, dem Kinderkriegen. Den Nationalsozialisten war es wichtig, die Bevölkerung bei "Stimmung" zu halten. Der sogenannte "Blitzkrieg" sollte so wenig Belastung wie nur möglich für die Menschen bedeuten, die oft kein Verständnis aufbringen konnten. Besonders die Frauen wollte man nicht verärgern, denn ihre Zustimmung war wichtig. Die Ehefrauen der Soldaten wurden großzügig dafür entschädigt, dass der Mann in den Krieg ziehen musste. Sie konnten ihren eigenen Beruf aufgeben und trotzdem noch gut leben. Dies führte auch zu einem Rückgang der Frauenarbeit, den die Regierung zu beklagen begann. Darauf wurden Maßnahmen getroffen, damit diese Soldatenfrauen nicht unbegründet ihren Beruf nach der Trauung aufgeben. Andererseits mußte mit einer Kürzung der Beihilfe gerechnet werden. Nach dem Angriff auf Rußland wurde auch ein schneller Sieg der Nationalsozialisten erwartet, was zur Folge hatte, dass die allgemeine Verpflichtung der deutschen Frauen zur Arbeit gelockert werden konnte. Doch diese Hoffnungen stellten sich bald als Illusionen heraus. Die USA traten in den

Krieg ein und die Deutschen mußten sich auf einen lange andauernden und hartnäckigen Krieg vorbereiten. Viele der hohen Mitglieder - darunter der Rüstungsminister Albert Speer und auch Hermann Göring - stimmten nun für einen vermehrten Einsatz der weiblichen Bevölkerung. Doch Hitler selbst sah diesen Schritt als noch nicht notwendig und entschied sich dagegen. Für ihn würde das eine Gleichstellung der Männer und Frauen bedeuten, beide würden den selben Lohn für die selbe Arbeit erhalten und die Männer hätten nicht länger bessere Aufstiegschancen. Der Führer wollte die Frauen sogar wieder zu ihrer eigentlichen Pflicht, dem Gebären, zurückführen, indem er fehlende Arbeiter aus den besetzten Gebieten zurückholte. Viele der Frauen konnten es sich aber gar nicht mehr leisten, nicht zu arbeiten. Um diese zu besänftigen, wurde ein Mutterschutzgesetz herausgebracht. Die werdenden Mütter konnten ihre Arbeitsdauer verkürzen, mußten im Gegenzug aber auch ihre Pflicht als Mutter erfüllen. Ebenfalls neu war, daß auch die Landarbeiterinnen unter dieses Gesetz fielen. In den Betrieben wurden vermehrt Kindertagesstätten eingerichtet, die Stillzeit wurde verlängert und es wurde schwerer, Kündigungen durchzuführen. Auch verbesserte sich die finanzielle Lage, denn die Mütter bekamen sechs Wochen vor und nach der Entbindung den vollen Zahltag ausgehändigt. Diese Gesetze waren zwar eine kleine Erleichterung für die Frauen, aber da sich die Arbeitsbedingungen ständig verschlechterten, waren diese Neuerungen keinen große Hilfe. Diese nicht nur körperlich belastende Situation führte zu vermehrten Krankheitsfällen bei der weiblichen Bevölkerung. Diese negative Stimmung übertrug sich natürlich auch auf den Rest der Familie. Die Nazis aber berichteten, daß die Frauenarbeit eigentlich nicht vorkomme, was aber nicht der Realität entsprach. Die große Belastung der Arbeiterinnen wirkte sich natürlich auch negativ auf die Produktionssteigerung aus. Aus diesem Grund wurde beschlossen, daß nicht länger als 56 Stunden in der

Woche gearbeitet werden durfte. 1941 meinte der Präsident des Arbeitsamtes Berlin "Die Belastung der Mehrzahl der arbeitenden Frauen ist durch Haushaltsführung und Familienbetreuung heute so groß, daß eine Fortführung der Berufsarbeit im Rüstungsbetrieb, die meist mit Schichtarbeit, verlängerter Arbeitszeit oder weiten Anmarschwegen verknüpft ist, ohne schwere gesundheitliche Schädigungen der Frauen auf die Dauer oft nicht durchzuführen ist." Es häuften sich auch Meldungen darüber, daß viele Betriebe durch die Kriegsbedingungen rücksichtslos wurden. Die Zahl der Erkrankungen, Fehlgeburten und Abtreibungen war auch am Steigen. Die Arbeiterinnen waren der ständigen Gefahr der Luftangriffe ausgesetzt und verdienten trotz diesen großen Belastungen nur etwa 70% vom Lohn des Mannes. Der Bäuerin ging es aber noch schlechter als den Rüstungsarbeiterinnen, denn ohne männliche Unterstützung mußte sie den Hof alleine führen, was eine enorme Anzahl an Arbeitsstunden mit sich brachte. "Bei der Bauernfrau - und das muß die Stadtfrau wissen - sind Arbeitstage von 18-19 Stunden keine Seltenheit."

Ungerechtigkeiten

Die Dienstverpflichtung betraf natürlich nur einen bestimmten Teil der Frauen. Diejenigen, die zuvor noch nie gearbeitet hatten und aus besseren Familien stammten, mußten sich dieser Verordnung nicht unterziehen. Somit wurden diese Verpflichtungen als soziale Ungerechtigkeit empfunden. Die Stimmung des allgemeinen Volkes war sehr schlecht. Sie sahen nicht ein, dass die Reichen immer noch Dienstmädchen beschäftigen konnten oder sich den ganzen Tag beim Tennis spielen oder im Strandbad vergnügten. Auch die Soldaten an der Front beklagten sich, dass ihre Frauen ungerecht behandelt wurden. Die Frauen der besseren Kreise rechtfertigten sich aber damit, daß sie durch die höhere Anzahl der Zimmer auch mehr Arbeit im Haushalt verrichten mussten und damit keine Zeit für zusätzliche Fabriksarbeit aufbringen konnten. Auch Hitler selber unterstützte diese Ansicht, vielleicht darum, weil diese Menschen großen Einfluß hatten. Somit wurde in der deutschen Bevölkerung zwischen hochwertiger Frau und der "normalen" Arbeiterfrau unterschieden. Diese Meinung wurde aber nicht öffentlich vertreten, denn man wollte die minder bemittelte Bevölkerungsgruppe nicht zusätzlich verstimmen. Die Nazis versuchten, die aufgebrachte Menge damit zu beschwichtigen, dass sie den Krieg bald gewinnen und folglich keine Frau mehr zur Arbeit verpflichtet wird. Die Arbeiterinnen hatten aber auch ihre eigenen Mittel, um ihre Situation etwas zu erleichtern. Sie meldeten sich öfters krank, brachten schlechtere Leistung und verweigerten sogar manchmal ihren Dienst. Die Regierung war nicht sehr erfreut darüber, aber aus Angst vor einer Verschlechterung der allgemeinen Stimmung verzichtete man auf harte Bestrafung. Dadurch aber vermehrte sich dieser Widerstand und zum Teil weigerten sich auch Betriebe, Frauen einzustellen. Es wurden immer häufiger ausländische Arbeiter eingestellt, obwohl dies auch Nachteile mit sich brachte. Die Sabotagegefahr wurde vergrößert und es gab auch Schwierigkeiten mit der fremden Sprache. Das einzig gute daran war, dass diese Kräfte noch billiger waren als die deutschen Frauen. Verwunderlich war, daß bis Ende 1942 nicht mehr Frauen erwerbstätig waren als vor dem Krieg. Manche zusätzliche Rüstungsarbeit wurde statt von der weiblichen Bevölkerung von den Kriegsgefangenen und den Fremdarbeitern erledigt, genau wie sich die Nazis das vorgestellt hatten. Die Bedingung von diesem System war aber, daß der Krieg so schnell und siegreich weiter verlaufen musste. Doch der Angriff auf Rußland 1942 und der kalte Winter machte den Soldaten sehr zu schaffen. Die einzige Möglichkeit, sich aus dieser aussichtslosen Lage zu bringen, war die totale Kriegführung. Alle zur Verfügung stehenden Hilfen mussten genützt werden, so griff man auch auf die deutsche Frau zurück. Hitler war nicht zufrieden damit, denn er musste somit seine Ideale opfern. Es wurde eine allgemeine Meldepflicht eingeführt, der sich alle Frauen im Alter von 17 bis 45 Jahren unterziehen mußten. Doch auch hier gab es Ausnahmen, zum Beispiel Beschäftigte im öffentlichen Dienst, Schwangere, Mütter mit Kleinkindern, Schülerinnen oder Selbständige konnten sich vor dieser Verordnung drücken. Diejenigen, die vorher noch nicht gearbeitet hatten, wurden bevorzugt verpflichtet. Eigentlich sollte nun die soziale Ungerechtigkeit beseitigt werden, aber es gab immer einige, die sich mit Vorwänden vor der Arbeit drückten. Vor allem die Reichen wehrten sich gegen diese Maßnahmen, denn sie wollten auch in Kriegszeiten ihr tolles Leben weiterführen. Mittel dazu waren, sich für krank zu erklären, bei Verwandten zum Schein beschäftigt zu sein oder zuletzt auch ein Kind zu adoptieren. Goebbels appellierte aber in einer Rede an den Zusammenhalt aller Bürger. Durch ihr egoistisches Verhalten würden sie zur Niederlage beihelfen und den Gegner unterstützen. Die Damen der guten Kreise störte das aber wenig, denn sie nutzten ihre Beziehungen aus, um ärztliche Atteste zu erhalten. Auch durch Reisen konnte man der Meldepflicht entgehen. Dies wurde von der arbeitstätigen Bevölkerung natürlich nicht gerne gesehen und viele waren dadurch verstimmt, die Nationalsozialisten tolerierten die Sache aber wohl oder übel. Noch immer hatte Hitler große Probleme mit der Zwangsverpflichtung, denn er wußte, daß das zu einer Verschlechterung der Existenz der deutschen Elitefrau führen würde. Deswegen war es ihm sehr wichtig, so viele Arbeiter wie möglich aus Rußland zu bekommen. Trotz der misslichen Lage wurden die reichen Familien immer noch bevorzugt behandelt, was sich jedoch im Jahre 1944 änderte. Ihnen wurde zwar oft nur das Dienstpersonal abgezogen, aber dennoch war das ein Anfang. Bei genauen Berechnungen war ersichtlich, daß der Anteil der arbeitenden Frauen immer noch nicht wesentlich höher war als wie vor dem Krieg. Für die Bevölkerung schien es aber, daß die Frauen die Arbeitswelt dominierten. Diese Meinung bildete sich aber nur daraus, daß das Verhältnis zu den Männern gestiegen war.1939 waren 37,3% der Beschäftigten Frauen, 5 Jahre später war dieser Prozentsatz auf 52,5% gestiegen. Während des Krieges hatten die Nazis also erreicht, daß sich die Emanzipation so wenig wie nur möglich ausbreiten konnte. Auch wenn die weibliche Bevölkerung außer Haus arbeitete, bedeutete das nicht automatisch, daß sich diese Arbeiterinnen zu Emanzen entwickelten. Denn die ihnen anvertraute Beschäftigung hatte oft nicht viel mit Eigenverantwortung zu tun. In Verwaltungs- und Dienstleistungsberufen ist die Zahl der Frauen um das Doppelte gestiegen, dennoch wurden sie da nur als Hilfskräfte behandelt. Zu diesen Berufen gehörte die Sekretärin oder Stenotypistin. Im Bereich "Industrie, Handwerk, Energie" ging die Zahl der beschäftigten Frauen zwar zurück, jedoch war es nicht zu verhindern, daß sie mit ausgesprochenen Männerberufen in Kontakt kamen. Und dabei stellten sie sich nicht schlecht an, was ihnen auch Selbstbewußtsein gab und der Emanzipation zugute kam. Die Nazis sahen das nur mit Widerwillen und meinten dazu "Die weibliche Intelligenz ist anders gelagert, als die männliche. Die Phantasie steht vor dem abwägenden Verstand. Es eignen sich deshalb Frauen seltener für Arbeiten, die weitgehend technisches Verständnis oder Sinn für Arbeitsplanung erfordern. Der männliche Vorgesetzte ist daher bei organisatorisch oder technisch komplizierten Arbeiten im allgemeinen vorzuziehen, wo hingegen die Frau als Gehilfin des Mannes zu höchstem Einsatz fähig ist...." Über eine Aufstiegschance in diesen "Männerberufen" wurde natürlich erst gar nicht nachgedacht. Der Lohn war auch niedriger, was von vornherein klar war. Eine Überlegung war, dass man den Frauen gleichviel an Lohn ausbezahlen sollte, um so ihre Leistungen zu steigern. Doch dies kam für Hitler nicht in Frage, denn eigentlich sollte die Frau sowieso nur zu Hause sitzen und sich um die Familie kümmern. Diese Vorstellung sollte man auch im Krieg nicht unbedingt ändern. Am schlimmsten für die Nationalsozialisten war, daß sie mehr Studentinnen zulassen mußten, denn gebildete deutsche Männer mußten ersetzt werden. Diesen Bereich konnte man nicht mit Ausländern besetzen, da waren Frauen noch etwas besser. Somit konnten die Studentinnen ungehindert studieren und das Resultat war ein stetiger Anstieg studierender Frauen. Schon 1943 bestand die Hälfte aller Studierenden aus Frauen, was jedoch mit gemischten Gefühlen aufgenommen wurde. Diese Regelung wurde aber nur als kurzlebig gesehen, denn spätestens nach dem Krieg sollten die Studentinnen wieder von der Universität verschwinden und diese wichtige Aufgabe wieder den Männern überlassen. Ebenso wurden Ausnahmen bei den Ärztinnen und Juristinnen gemacht. Vorübergehend sollte es ihnen wieder erlaubt sein, ihrem wahren Beruf nachzugehen und nicht nur den unwichtigen Teil ihrer Arbeit erledigen. In der Kriegszeit war es natürlich verständlich, daß Deutschland jede fähige Ärztin benötigte. Auch diese Ausnahmen sollte nach dem Krieg wieder aufgehoben werden. Aber nicht nur die deutschen Frauen hatten es während dem Krieg schwer in der Arbeitswelt, denn ein großer Teil der ausländischen Arbeiter waren Frauen. Diese Arbeiterinnen wurden nach ihrer Herkunft behandelt, den Russinnen ging es dabei am Schlechtesten. Dabei zeigte sich, daß die Nazis keinerlei menschliche Rücksicht auf Frauen nahmen. Dazu ein Zitat von Heinrich Himmler in einer Geheimrede vor der SS-Gruppenführung am 4. Oktober 1943 "Ob bei dem Bau eines Panzergrabens 10.000 russische Weiber an Entkräftung umfallen oder nicht, interessiert mich nur soweit, als der Panzergraben für Deutschland fertig wird". Im Osten spielten sich tagtäglich schreckliche Zwangsverschleppungen ab, gegen die man machtlos war. Diejenigen, die in der Landwirtschaft eingesetzt wurden hatten es noch einigermaßen erträglich, jedoch die Fabriksarbeit war sehr hart. Diese Ostarbeiterinnen waren auch ständiger Demütigung ausgesetzt. Auch sie bekamen ein Kennzeichen, polnische Arbeiterinnen mußten ein "P" auf einem Stoffetikett, die anderen Ostarbeiterinnen mußten das "OST" tragen. Die Bezahlung war unglaublich niedrig und Gesetze zu ihrem Schutz wurden diesen Zwangsarbeiterinnen nicht zugestanden. Im Gegensatz zu den deutschen Frauen, denen man ans Herz legte, Kinder zu kriegen, wollte man, daß Polinnen das Kind abtreiben lassen. Ansonsten wurde es ihnen nach der Geburt weggenommen und in ein Heim gesteckt. Die Nazis konnten sich nicht entscheiden, ob sie diese Kinder gleich töten oder selber erziehen sollten. Es wurde kein Entschluß gefaßt und darum gab man diesen Säuglingen keine ausreichenden Mahlzeiten und so starben sie automatisch nach einiger Zeit. Eine italienische Schriftstellerin meldete sich freiwillig, um zu erfahren, wie diese Arbeit in Deutschland aussah. Da sie aus dem Westen kam, wurde sie bedeutend besser behandelt als die Ostarbeiterinnen. Zu ihrem Arbeitstag gehörte, daß sie um 4:00 morgens aufstehen mußte und bis um 17:00 arbeitete. Zu ihren Privilegien gehörte, daß sie keine zusätzliche Nachtarbeit machen mußte, höheren Lohn bekam und eine Bettdecke, wogegen die Ostarbeiterinnen auf Stroh schlafen mussten und verfaultes Essen vorgesetzt bekamen. Doch am allerschlechtesten erging es den Jüdinnen und deutschen Frauen, die im KZ waren. Sie wurden erbarmungslos ausgebeutet oder gleich umgebracht. Ihnen wurden auch sinnlose Aufgaben aufgetragen, nur um sie zu bestrafen. Doch konnte man diese kostenlosen Arbeitskräfte auch in Fabriken einsetzen, wo sie grausam behandelt wurden. Die Mahlzeiten waren nicht annähernd ausreichend und die sadistischen Aufseher machten sich einen Spaß daraus, auf KZ-Insassen zu schießen oder sie bis zum Tode zu schlagen. Auch waren diese Frauen oft Opfer von Experimenten, Folterung oder Prostitution.

5. Frauen im Kriegsdienst

Die Berufstätigkeit der deutschen Frau war eine Sache, die den Nazis gar nicht gefiel. Aber die Beschäftigung im Kriegsdienst war anfangs unvorstellbar für den Führer Hitler und wurde definitiv abgelehnt. Es war auch nicht möglich, die Arbeit in der Wehrmacht durch Ausländer zu ersetzen, denn die Gefahr des Verrates war zu groß. Doch die Ideologie des Regimes verbat ausdrücklich die Anstellung von Frauen, denn das würde auch indirekt eine Gleichsetzung bedeuten. Jedoch wurde dieser Kriegsdienst schon von Krankenpflegerinnen verrichtet, die anfangs nur in den Orten tätig waren, dann aber in die Lazarette in Frontnähe übersiedelten. Diese Arbeit entsprach aber noch der Rolle der Frau und wurde deswegen nicht als "Kriegsdienst" angesehen. Jedoch war diese Arbeit sehr schwer, alleine schon durch die seelische Belastung durch die hohe Anzahl von tödlich verletzten Männern. Andere Beschäftigungen bei der Wehrmacht waren noch als Telefonistinnen, Küchenhilfen, Putzfrauen oder Näherinnen. Durch die anfänglichen Erfolge der Deutschen Wehrmacht mußte Deutschland einen großen Teil von Europa verwalten und dafür wurden zusätzliche Hilfen benötigt. Also wurden Frauen ab 1940 in diesen Gebieten als Fernschreiberinnen und Funkerinnen eingesetzt. Obwohl sie im Auftrag der Wehrmacht arbeiteten, stand es ihnen nicht zu, eine Uniform zu tragen. In der Öffentlichkeit wurde auch nicht davon berichtet, daß Frauen nun doch kriegswichtige Arbeiten ausführten. Diejenigen, die sich freiwillig für Kriegsarbeit meldeten, wurden auch eingesetzt aber es wurde nicht öffentlich dafür geworben. Eine Flugmelderin berichtete, daß ihre Aufgabe sehr wichtig war und sie viel Verantwortung hatte. In diesem Beruf gab es keine Pause, Müdigkeit oder Fehler, denn dies konnte für etliche Menschen den Tod bedeuten. " Die Frau ist zur Mitkämpferin des Mannes geworden. Ihre weiblichen Pflichten sind die gleichen geblieben, ja als Gattin und Mutter wird Schweres von ihr gefordert, und es gibt mehr zu pflegen und zu trösten als in ruhigen Zeiten. Aber darüber hinaus ist ihr eine zusätzliche Aufgabe auferlegt: sie hat die Posten zu beziehen, von denen der Mann zum Dienst mit der Waffe abberufen wurde."[17] Bis zum Angriff auf Rußland konnte die Zahl der Kriegshelferinnen noch einigermaßen niedrig gehalten werden. Doch etliche Soldaten fanden den Tod in Rußland und so mussten Frauen vermehrt im Kriegsgebiet und auch an der Front eingesetzt werden. Diese Maßnahme ließ sich jedoch gar nicht mit der Ideologie der Nazis übereinstimmen und deswegen fanden sie auch eine Erklärung dafür. Die Arbeiten, die sie übernehmen sollten, durften nur ihrem Wesen entsprechen. Eine Militarisierung der deutschen Frau war ausgeschlossen. Diese Regelung brachte aber auch etliche Widersprüche mit sich. Auf der einen Seite durften die Mädchen nicht wie Soldatinnen behandelt werden, trotzdem mußten sie sich an bestimmte Regeln und Vorschriften halten, was durchaus militärisch klang. Eine in Paris stationierte Luftnachrichtenhelferin berichtete, daß sie ebenfalls Strafen oder Ausgangssperren erhielt, wenn sie einen Fehler machte. Also wurde sie wie alle anderen Soldaten behandelt. Die Frauen, die im Kriegsdienst tätig waren, wurden vom Rest der Bevölkerung in keinem guten Licht gesehen und sogar als "Offiziersmatratzen" beschimpft. Den Soldaten wurde vorgeschrieben, sich im Beisein der Damen vorbildlich und ritterlich zu verhalten, um die Entstehung solcher Gerüchte zu verhindern. Auch die Helferin mußte ihren Teil dazu beitragen, somit durfte sie sich nicht mehr schminken in der Uniform, nach 23:00 ausgehen oder Alkohol trinken. Diese Maßnahmen brachten auch wirklich eine Verbesserung der Lage. Im Jahre 1943 wurden immer mehr Männer an die Front geholt und Büroarbeiten mussten von den sogenannten Stabshelferinnen übernommen werden. Es wurde auch unumgänglich, dass Frauen in Männerdiensten wie zum

Beispiel als Flaksoldaten tätig wurden. Immer mehr weibliche Arbeitskräfte wurden im Bereich der Fliegerei benötigt, diese mußten Geschütze und Scheinwerfer und auch teilweise Meß-, Funk-, oder Hochgeräte bedienen. Bekanntlich begann im Sommer 1944 der "totale Kriegseinsatz" und das bedeutete, daß nun keine Rücksicht mehr auf Ideologie genommen wurde. Frauen übernahmen die Tätigkeit der Luftwaffensoldaten. Ihnen wurde viel Verantwortung übertragen, denn sie waren auch den ständigen Angriffen ausgesetzt. Auch wurden sie vor eine Aufgabe gestellt, die ihnen vorher als Frau niemals zugetraut wurde. Sie unterzogen sich auch technischen Schulungen, um diese total neue Arbeit schnell zu lernen." Ende des Jahres 1944 wurden letzte Anstrengungen unternommen, deutsche Frauen für Rüstungsarbeiten umzuschulen und auszubilden. Von den Luftgaukommandos wurden Richtlinien verschickt, nach denen die Flugzeugwerften in besonderen Lehrwerkstätten Frauen als Werfthelferinnen ausbilden sollten. Mitte Dezember wurde ein entsprechender Sondereinsatz in den Luftwaffenbetrieben befohlen. „Von nun an konnte nicht mehr vertuscht werden, dass "weibliche Soldaten" im Kriegsgeschehen mitwirkten. Es ging sogar so weit, dass öffentlich nach einer weiblichen Wehrhilfe gesucht wurde, jedoch hatte die Bevölkerung kein Verständnis mehr dafür. Die einzige Möglichkeit, diese Frauen zu gewinnen, war die Verpflichtung. Im Jahre 1945 arbeiteten 500.000 Wehrmachtshelferinnen für das Dritte Reich und ca. 80.000 bis 100.000, die für das Korps tätig waren. Die Nationalsozialisten wollten nicht, daß die Frau eine Waffe besaß oder gar bei einem Kampf teilnahm. Aber das nahe Kriegsende und die Niederlage im März ´45 ließen alle Vorstellungen vergessen. Demnach wurde der Frau sogar erlaubt, sich mit der Waffe zu verteidigen. Widerwillig aber doch wurde dieser Vorgang vom Führer zugelassen. Also mussten sich die Frauen auch einer Schulung unterziehen, um das Bedienen einer Panzerfaust zu lernen. Als das Ende nahte und es kein Entrinnen, höchstens noch ein Aufschub gab, ordnete Hitler den Einsatz von jedem an, egal ob Mann oder Frau. Jedoch wurde es keine Vorschrift, dass die Frau eine Feuerwaffe benützte, das geschah aus eigenem militärischem Interesse.

6. Widerstand im Dritten Reich

6.1 bürgerlicher Widerstand

Sophie Scholl zählt bestimmt zu den bekanntesten weiblichen Bürgern, die erfolgreich Widerstand gegen das Naziregime geleistet haben. Zusammen mit ihrem Bruder Hans und weiteren Studenten gehörte sie der Widerstandsbewegung "Die Weiße Rose" an. Sophie und ihr Bruder konnten sich nie mit den Ideen des Nationalsozialismus anfreunden. Beide studierten an der Münchner Universität - Sophie Biologie und Philosophie und Hans Medizin. Schon immer gehörte es zu ihren bevorzugten Freizeitbeschäftigungen, Gedichte von verbotenen Autoren vorzulesen und darüber zu diskutieren. Sie machten sich auch Gedanken über die immer wieder darin vorkommende Freiheit, die ihnen so viel bedeutete. Bald fiel einmal in einem Treffen von den jungen Studenten das Wort Widerstand und einige Tage später wurden die ersten Flugblätter an der Universität verteilt. Unter anderem half ihnen auch ein Professor an der Universität, der in seinen Vorlesungen immer schon seinen Unmut über die Regierung und den Führer ausgesprochen hatte. Es folgten weitere Flugblätter, die auch in anderen Städten verteilt wurden. Somit entstand auch in Hamburg der sogenannte "Hamburger Zweig der Weißen Rose", der ebenfalls aus Studenten und Intellektuellen bestand. Eine weitere Aktion der "Weißen Rose" war es, mit Teerfarbe Worte wie z. B. "Freiheit" an die Münchner Universität zu schreiben. Dabei mussten die

Mitglieder immer darauf gefasst sein, von Mitmenschen beobachtet oder verraten zu werden. Schlussendlich wurden Sophie und Hans Scholl auch gestellt. Die Geschwister verteilten Flugblätter an der Universität und der Hausmeister hatte das beobachtet. Er informierte die Gestapo und die beiden wurden verhaftet. Tapfer standen sie zu ihrer Tat und versuchten sich nicht herauszureden. "Sie [Sophie] wollte von dem Verteidiger wissen, ob Hans als Frontsoldat das Recht auf den Erschießungstod habe. Darauf erhielt sie nur eine unsichere Antwort. Über ihre weitere Frage, ob sie selbst öffentlich erhängt oder durch das Fallbeil getötet werde, war er geradezu entsetzt. Derartiges, noch dazu von einem Mädchen gefragt, hatte er nicht erwartet." Schlussendlich wurden sie in einem "Schnellverfahren" zum Tode - mit dem Fallbeil - verurteilt. Doch ihr Tun ist in die Geschichte eingegangen und beweist, dass nicht alle Deutsche Anhänger von Hitler waren. "Es gibt für uns eine Parole: Kampf gegen die Partei! Heraus aus den Parteigliederungen, in denen man uns politisch weiter mundtot halten will! Heraus aus den Hörsälen der SS-Unter- und Oberführer und Parteikriecher! Es geht uns um wahre Wissenschaft und echte Geistesfreiheit! Kein Drohmittel kann uns schrecken, auch nicht die Schließung unserer Hochschulen . Es gilt dem Kampf jedes einzelnen von uns um unsere Zukunft, unsere Freiheit und Ehre in einem seiner sittlichen Verantwortung bewußten Staatswesen.

6.2 Widerstand der Arbeiterinnen

Durch die Arbeit im Krieg wurden viele Frauen überfordert. Manche hatten ihre eigene Methoden, um den Arbeitsalltag erträglicher zu machen. Durch Verweigerung sabotierten sie die Stellen, an denen sie beschäftigt waren. Das war nicht ganz ungefährlich, denn bei Nachweis konnten diese Frauen den Arbeitsplatz oder sogar das Leben verlieren. Dieser kleine

Widerstand hatte schlussendlich einen bemerkenswerten Erfolg zu verzeichnen. "Kampf gegen Fließbandhetze bei Osram, Berlin. Im Berliner Osramwerk wurde das Tempo des Fließbandes immer schneller. Bei der unter den Arbeiterinnen sich entwickelnden Diskussionen wurde der Vorschlag gemacht, jedes sechste Arbeitsstück einfach auszulassen. Das wurde einheitlich durchgeführt. Bei diesem geschlossenen Widerstand mußte die Direktion das Tempo des Fließbandes herabsetzen."

6.3 Widerstand im Frauenalltag

"Hunderttausende Familienväter werden rücksichtslos in die Grenzgebiete geschickt und müssen Frau und Kinder zurücklassen. Viele Ehetragödien sind die Folge. Die Frauen wollten ihre Männer nicht fortlassen und brachten bei jeder sich bietenden Gelegenheit, ob bei der Abfahrt auf den Bahnhöfen oder bei den Behörden, ihren Unwillen gegen diese brutalen Zwangsmaßnahmen zum Ausdruck. Die Frauen sagen: "So sieht das vom Faschismus gepredigte Familienglück aus! Immer und immer wieder sind die Arbeiter die Dummen, die Reichen und die Bonzen werden von dieser Verschickung nicht betroffen, sondern leben ungestört im Ueberfluß." Jeden Tag wurde Widerstand geleistet. Die Frauen beklagten die geringen oder nicht vorhandenen Lebensmittelkarten und sie sahen es nicht gerne, dass die männlichen Familienmitglieder an die Front geschickt wurden. Auch dies war sehr gefährlich. Man durfte nicht einfach seinen Unmut über die Kriegsbedingungen aussprechen, denn man konnte schnell verhaftet werden.

6.4 Frauenwiderstand im Konzentrationslager

Etliche Frauen wurden verhaftet und ins Konzentrationslager gebracht, da sie nicht mit der Ideologie übereinstimmten. Mit Methoden wie Folter, Hunger und übermäßiger Arbeit sollte der Wille dieser Menschen gebrochen werden. Doch einige Frauen hielten streng an ihrer Überzeugung fest. Dieser kleine Widerstand hatte keine große Wirkung auf die Außenwelt, aber für die Insassen war es ein Beweis, dass sie immer noch ihrer Überzeugung treu sind und sich nicht unterkriegen lassen. "Wenn die Liste derjenigen Ärzte auch noch so unvollständig bleiben muß, die sich Anordnung der SS widersetzt hatten, um ihrer beschworenen Pflicht selbst in nationalsozialistischen Konzentrationslager nachzukommen, so kann sie nicht abgeschlossen werden, ohne die französische Ärztin Adelaide Hautval zu erwähnen, die sich in Auschwitz offen geweigert hat, an pseudomedizinischen Versuchen der SS mitzuwirken."

6.5 Widerstand in Vorarlberg - Humanitäre Hilfe

Etliche Frauen aus Vorarlberg trugen ihren Teil zum Widerstand bei, indem sie ihre Mitmenschlichkeit und Humanität bewiesen. Hierbei handelte es sich um Kleinigkeiten, für die man aber trotzdem große Gefahr einging. Zu nennen sind Frauen wie Maria Stromberger [24], die zuerst im Sanatorium Mehrerau beschäftigt war. Diese Frau hörte von den katastrophalen Ereignissen im Konzentrationslager Auschwitz und ließ sich dorthin versetzen. Die Krankenschwester bewies ihr Mitgefühl und versuchte den Häftlingen so gut wie möglich zu helfen. Das geschah, indem sie Lebensmittel, aber auch Medikamente, für die Kranken besorgte. Auch übermittelte sie wichtige Informationen in die Außenwelt, durch welche Flugblätter über die Zustände im Lager zustande kamen. Außerdem schmuggelte sie auch zwei Waffen in das Lager. Von den Insassen wurde sie als "Engel von Auschwitz" bezeichnet. Ende 1944 wurde Maria Stromberger in ein Entziehungsheim für Morphisten eingeliefert, wahrscheinlich wurde ihre Verbundenheit mit den Häftlingen zu auffällig. Sie kehrte nach Bregenz zurück und wurde von den Franzosen für ihre Arbeit in Auschwitz festgenommen. Ehemalige Insassen konnten sie aber entlasten. Bis zu ihrem Tod 1957 arbeitete sie in einer Textilfabrik, ihre Arbeit als Krankenschwester konnte sie nicht mehr fortsetzen. Ein anderes Beispiel ist Pauline Wittwer, eine aus Feldkirch stammende Krankenschwester. Sie versorgte die Kranken mit Lebensmitteln und Kleidungsstücken - machte dabei aber keinen Unterschied zwischen Deutschen und Ausländern. Dafür wurde sie angezeigt, musste acht Wochen ins Gefängnis und sogar ins KZ Ravensbrück. Auch andere Frauen aus Vorarlberg zeigten ihre Mitmenschlichkeit in Bezug auf Fremdarbeiter und Kriegsgefangene. Sie sahen nicht ein, warum sie andere Völker schlechter behandeln sollten. Auch wegen dieser Überzeugung wurden einige Vorarlbergerinnen verhaftet und ins KZ gebracht. Dazu ein Beispiel: Eine ukrainische Arbeiterin bei F. M. Hämmerle war von einer Dornbirner Arbeiterin des öfteren verbotenerweise zum Abendessen und Radiohören mitgenommen worden, worauf sie als Dank das folgende Schreiben hinterließ - falls die Rote Armee nach Vorarlberg kommen sollte: "Nadja Revjenko, Sonntag, 29. April 1945. Am letzten Tag vor meiner Abreise schreibe ich meiner guten Bekannten ein paar Worte als Erinnerung. Maria, ich wünsche Dir und Deinem Mann viel Glück und Gesundheit in Eurem Leben....Maria, Du und Dein Mann, Ihr seid sehr gute Leute, meine Arbeitskollegin, die in der Fabrik gemeinsam auf die Hitler-Idioten geschimpft haben. Auf Wiedersehen Deine Bekannte Nadja Revjenko. Ich wünsche Euch alles Gute in Eurem Leben"

Arbeitsverweigerung in Vorarlberg

Auch die Arbeitsverweigerung kam in Vorarlberg häufig vor. Da in dieser Kriegszeit die Tätigkeit der Frauen unbedingt notwendig waren, konnte eine Verweigerung schlimme Folgen für Fabrik und somit auch für die Frau haben. Die Feldkircherin Katharina Wendl arbeitete bei F. M. Hämmerle in Gisingen. Nach dem Wehrmachtseinzug ihres Mannes musste sie sich um Kinder und Landwirtschaft kümmern, war sie zur Kündigung bewegte. Die Firma wollte aber keinesfalls auf die ausgebildete Mitarbeiterin verzichten und erzwang mit Hilfe des Gerichts die erneute Einstellung.

7. Organisationen: BDM - NS-Frauenschaft - Deutsches Frauenwerk

Um den Frauen zu helfen, dem Idealbild zu entsprechen, wurden bestimmte Organisationen eingerichtet. Dazu zählten der Bund deutscher Mädchen, die NS-Frauenschaft und das Deutsche Frauenwerk.

7.1 Bund deutscher Mädchen

Wichtig war es für die Partei, dass sie schon junge Mädchen für sich gewinnen konnte. Gerade die 14- bis 18-jährigen wollte man ansprechen, darum gründete man eine Organisation mit dem Namen Bund deutscher Mädchen, kurz BdM. In diesem Verein wurde viel Wert auf Sport und Gemeinschaftssinn gelegt. Die Gesundheit der zukünftigen Mütter war eben von großer Bedeutung. Oft trafen sich diese Mädchen und sie wurden geschickt manipuliert. Mit Gesang und Kerzenschein wurde eine gemütliche Stimmung erzeugt, dann mussten sie Phrasen auswendig lernen und immer wieder aufsagen. Bald glaubten sie auch daran, ohne darüber nachzudenken. Doch standen auch einige Jungmädchen dieser

Veranstaltung kritisch gegenüber. Sie hatten keine Freude daran, aber bald hatten sie keine Wahl mehr. 1939 wurde es zur Pflicht für die jungen Mädels, dieser Organisation anzugehören. Diese Mädchen wurden aber auch von der Partei in ihrem Sinne erzogen. Ganz wichtig war die Aufklärung über die Rassen und die Bevölkerungspolitik. Ihnen wurde eingeredet, dass ein Verhältnis zu einem Nichtarier schreckliche Folgen haben könnte. Ein reines Blut sichere den Fortbestand eines gesunden Deutschland und deshalb müsse man sich an einige Regeln halten. Dieser Bund hatte auch noch andere Aufgaben, nämlich die Vermittlung von Kenntnissen im hauswirtschaftlichen Bereich. Die Regierung hatte einen Einfall, mit dem sie zwei Probleme lösen konnte. 1938 wurde das "Pflichtjahr" für alle eingeführt. Einerseits konnte man dem Arbeitermangel in der Landwirtschaft entgegenwirken. Außerdem wurden die Mädchen auf ihre zukünftige Aufgabe als Erzieherin und Hausfrau vorbereitet. Es gab auch den sogenannten Reichsarbeitsdienst, der dann verpflichtend wurde. Dieser Dienst hatte ähnliche Absichten wie das Pflichtjahr, doch er war für Mädchen im Alter zwischen 17 und 25 Jahren. Diese "Maiden" wohnten alle zusammen in Baracken, die Behandlung war ähnlich wie beim Militär. Es wurden Regeln aufgestellt, an die sie sich genau halten mussten. Dieser Dienst half vor allem den Bauern, doch der Weg zu den Höfen war oft so lange, dass nur wenige Stunden für die wirkliche Arbeit übrig blieben. Die Mädchen konnten viele Erfahrungen sammeln und wirkten dem Arbeitskräftemangel entgegen. Ein weiterer positiver Punkt war, dass der Körper durch die viele Bewegung gesund blieb. Mit diesen Vereinen wollte man die Jugendlichen in höherem Alter zum Beitritt in die Partei überreden. "Der BDM hat ein klares Ziel: das deutsche Mädel zur deutschen Frau und zur wahrhaften Mutter des Volkes zu erziehen. Der BDM bringt dem deutschen Mädel die Erkenntnis bei, daß der völkische

Bestand eines Volkes nur gesichert ist, wenn gesunde Familien wieder genügend Kinder haben."

7.2 NS-Frauenschaft - Deutsches Frauenwerk

Diese Frauenorganisationen waren - neben dem BDM - die einzigen noch erlaubten Vereine, die sich mit Politik oder Gewerkschaft beschäftigten. Sie waren der NSdAP unterstellt. Die NS-Frauenschaft wurde 1931 gegründet, die Führerin Gertrud Scholtz-Klink 1934 vom Führer ernannt. Nach 1936 war diese Organisation geschlossen, das heißt, dass man nur selten neue Mitglieder aufnahm. Das Mindestalter betrug hier 30 Jahre. Das Deutsche Frauenwerk entstand 1933 aus früheren Frauenvereinen. Hier konnte jede deutsche Frau Mitglied werden, die älter als 21 war.

Aufgaben der Organisationen waren

"Kultur - Erziehung - Schulung"

Hierbei ist die Aufgabe, die Kultur zu verbreiten und Schulungen und Lehrgänge zu veranstalten. Die Inhalte sind Literatur, Musik, Frauenbildung, Leibeserziehung und weltanschauliche Schulung.

"Jugendgruppen"

Mitglieder beider Organisationen treffen sich, um zu wandern, basteln, singen oder tanzen. Dafür muss aber auch eine Gegenleistung gebracht werden. Dies geschieht in Form von Mütterdiensten, Kursen oder Hilfsdiensten innerhalb von 6 Wochen.

"Kindergruppen"

Hier sind Kinder im Alter von 6 bis 10 Jahren angesprochen, die sich in kleinen Gruppen treffen, um Kameradschaft zu erfahren. Daraus ergibt sich, dass diese dann ab dem 10. Lebensjahr Mitglied im Jungvolk werden.

"Mütterdienst"

Hierbei wollte man den Mütter während der Schwangerschaft beistehen und ihnen Tipps zur richtigen Ernährung geben.

"Volkswirtschaft – Hauswirtschaft"

Durch Informationen und Lehrgänge sollte die hauswirtschaftliche Fähigkeit verbessert werden. Es wurden Kurse zur richtigen Ernährung und zur Verwendung der knappen Lebensmittel abgehalten. Diese Organisationen verrichteten auch - mehr oder weniger - freiwillige Arbeiten, die der fraulichen Natur entsprachen. Die Mitglieder nähten, halfen kinderreichen Familien im Haushalt oder arbeiten auf dem Land. Später - bedingt durch den Krieg - waren ihre Einsatzgebiete auch Fabriken, Behörden oder durch Bombenangriffe zerstörte Orte. Dabei wird von der Führung immer wider auf die "Freiwilligkeit" hingewiesen. Die geleistete Arbeit wurde durch Prozentsätze immer heruntergehandelt.

Station 12 : Domplatz (früher Friedrich – Wilhelm - Platz)

Diese Station beschäftigt sich mit der Besetzung des öffentlichen Raumes durch die Nationalsozialisten und die Konstituierung von 'Volksgemeinschaft' durch publikumswirksame Massenveranstaltungen. Betont wird dabei die weitreichenden Konsequenzen der Veränderungen nach 1933 auch für die Privatsphäre jedes Einzelnen, etwa durch den gesellschaftlich erzeugten Zwang zur Beflaggung des Hauses zu entsprechenden Anlässen. Am Beispiel des Besuchs von Adolf Hitler in der Stadt Erfurt im Sommer 1933 wird der inszenatorische Charakter nationalsozialistischer Feiern, an denen sich eine große Mehrheit der Bevölkerung beteiligte, hervorgehoben. Ebenfalls angesprochen wird die militärische Durchdringung des öffentlichen Raumes nach 1935 durch Stationierung tausender von Soldaten in der Stadt. Am 9. November 1938 wurde die Erfurter Synagoge wie fast alle jüdischen Gotteshäuser im Reich in Brand gesetzt und zerstört. Zwei Thora-Rollen haben die Pogromnacht jedoch überlebt und konnten nach dem Krieg der Erfurter jüdischen Gemeinde zurückgegeben werden. Dies ist dem Erfurter katholischen Priester und späteren Weihbischof und Generalvikar Dr. Josef Freusberg zu verdanken. Obwohl die näheren Umstände nicht zu ermitteln sind, wird an dieser Stelle auf das couragierte Verhalten eines Einzelnen hingewiesen.

Der Domplatz bis 1933

Am Domplatz, dem ehemaligen Friedrich-Wilhelm-Platz, als zentralen Platz der Stadt lässt sich die Besetzung des öffentlichen Raumes durch die Nationalsozialisten beispielhaft zeigen. Im Kaiserreich und in der Weimarer Republik wurde der Domlatz von unterschiedlichen

Organisation als Versammlungsort genutzt. Zentrale kirchliche Feiertage wurden hier zelebriert, daneben fanden die unterschiedlichsten Feste statt. In der Weimarer Republik diente der Platz auch der in Erfurt starken Arbeiterbewegung für politische Veranstaltungen wie Demonstrationen oder den Feiern zum 1. Mai. Der (symbolischen) Besetzung des öffentlichen Raumes durch Massenaufmärsche wurde von fast allen politischen Organisationen hohe Bedeutung zugemessen. So veranstalteten sowohl KPD- und SPD-Organisationen Aufmärsche als auch Deutschnationale, Frontkämpfervereinigungen wie der Stahlhelm oder völkische und antisemitische Verbände und die NSDAP mit ihren Organisationen. Welche zentrale Rolle dabei der Domplatz spielte, zeigt sich Anfang 1933. Aus Anlaß der Ernennung Hitlers zum Reichskanzler fand am 30. Januar ein Demonstration statt, die auf dem Domplatz endete. Organisiert war die Massenkundgebung, an der sich mehrere tausend Menschen beteiligten, von der KPD. Da der KPD einen Tag später jegliche Versammlung unter freiem Himmel verboten wurde, beteiligten sich ihre Anhänger an einer von SPD und der Eisernen Front angemeldeten Demonstration. Doch als diese den Domplatz erreichte, sammelten sich dort bereits rund 3.000 Mann von SA, SS, Stahlhelm und Deutschnationalen, die einen Fackelzug durch die Erfurter Innenstadt abhalten wollten. Zwar wurden auch in der Weimarer Republik Kundgebungen der Arbeiterbewegung häufiger von Polizei gewaltsam aufgelöst, doch mit der Machterlangung der Nationalsozialisten war jede Unmutsbekundung größerer Menschengruppen in der Öffentlichkeit nicht mehr möglich.

Ein denkwürdiger Tag: Der 18. Juni 1933

Eine Masseninszenierung besonderer Art fand bereits im Sommer 1933 statt. Am 17./18. Juni wurde in Weimar der

Gautag der NSDAP abgehalten. Die Gelegenheit, den Führer in unmittelbarer Nähe zu haben, wollte sich die Stadt Erfurt nicht entgehen lassen. Bereits Ende März hatte die Stadtverordnetenversammlung beschlossen, Hitler zum Ehrenbürger zu ernennen. Zusammen mit dem Thüringer Gauleiter Sauckel und dem Reichsinnenminister Frick landete Hitler per Flugzeug auf dem Flughafen Bindersleben. Die Stadt bereitete ihm einen begeisterten Empfang: Insgesamt 250.000 Menschen wollten dabei sein, wenn der Führer kommt, die Reichsbahn musste insgesamt 180 Sonderzüge aus der Region einsetzen, um den Ansturm bewältigen zu können. Die Inszenierung des Auftrittes war minutiös geplant: Im Rathaus trug Hitler sich zunächst in das goldene Buch der Stadt ein. Danach folgte eine vierstündigen Parade auf dem Domplatz, bevor der Führer in der mitteldeutschen Kampfbahn (heute Steigerwald-Stadion) eine Rede vor 120.000 Zuhörerinnen und Zuhörern hielt und wieder entschwebte.

Veränderungen nach 1935

Auf dem Domplatz fanden die ganze NS-Zeit immer wieder große Aufmärsche statt. Etwa zu Hitlers Geburtstag am 20. April wurden jährlich große Feiern mit öffentlichen Paraden abgehalten. Dominierten in den ersten Jahren eher Massenkundgebungen der Parteiorganisationen, wie etwa der 1934 veranstaltete SA-Brigadeaufmarsch mit rund 20.000 aktiven Teilnehmern, so sind es nach der massiven Stationierung von Soldaten – seit 1935 waren in Erfurt über 6.000 Soldaten stationiert und die Stadt wurde zu einer der größten Garnisonsstädte Deutschlands – in erster Linie militärische Paraden, die den Domplatz füllten. Aufmärsche fanden nicht nur anlässlich der Gründung der ersten Panzerdivision 1935 statt, sondern auch nach dem Einfall in Polen, an dem Erfurter Einheiten beteiligt waren.

Konstituierung von 'Volksgemeinschaft'

Die Besetzung des öffentlichen Raumes durch die Nationalsozialisten hatte für den Einzelnen weitreichende Konsequenzen. Der Domplatz diente als historische Kulisse zur Inszenierung von Massenaufmärschen, wie wir sie auch aus anderen Städten, etwa der in Nürnberg stattfindenden Reichsparteitage, kennen. Doch die Vereinnahmung des öffentlichen Raumes blieb nicht auf den zentralen Platz beschränkt, sondern viele Straßen und der Bahnhofsvorplatz wurden ebenfalls geschmückt. Geschäfte dekorierten Sonderschaufenster, sämtliche Häuser wurden beflaggt und aus dem Fenster kleine Fähnchen gehangen. So dienten die Massenaufmärsche zur entindividualisierten und militärisch durchdrungenen Konstituierung der 'Volksgemeinschaft'. Die Volksgemeinschaft machte vor den Grenzen der Privatsphäre nicht Halt. Jeder, der sich nicht freiwillig und begeistert beteiligte, machte sich verdächtig. Die totale Kontrolle des Einzelnen führte zwangsläufig zur Exklusion derjenigen, die nicht dazugehören wollten oder konnten.

Station 13: Landgericht Erfurt - Zwangsterilisation

Exemplarisch für die menschenverachtende Selektionspolitik möchten wir auf zwei Opfer der Zwangssterilisation aufmerksam machen. Der Eingriff, der die individuellen Persönlichkeitsrechte in besonders krasser Weise verletzt, ist ein weiterer Schritt zur Vernichtung aller Menschen, die den Nazis angesichts ihrer rassistischen Ideale nicht ins Bild passten. An Hand dieser Beispiele wird deutlich, wie die Beamten, Fürsorger, Vormundschaften sozial benachteiligte Menschen diffamierten. Schuld an ihrer Situation war nicht das wechselseitige Verhältnis zwischen Mensch und Gesellschaft bzw. den Folgen von Sozialisationsproblemen und fehlenden Bildungschancen der Unterschichten; sondern die Opfer wurden behördlicherseits allein als Täter bzw. als „Träger von defektem Erbmaterial" hingestellt. So wurde Frau A. vom Stadtgesundheitsamt war die Anzeige von Amtes wegen „angeborenem Schwachsinn" gestellt worden. Diese Diagnose wurde hinsichtlich der mangelhaften Schulleistungen bzw. des vorzeitigen Schulabbruchs gestellt. Als weiterer belastender „Beweis" für das Vorliegen einer „vererbbaren Erkrankung" kam hinzu, dass ihr Sohn an epileptischen Anfällen litt und schon früh verstarb. Das unterstützte natürlich die „Vererbungsthese" der Rassenhygieniker und so hieß es auch in der abschließenden Begründung „Danach wird festgestellt, daß A. erbkrank ist, und daß ...ihre Nachkommen an schweren körperlichen und geistigen Erbschäden leiden werden. (§1 Abs. 2 Ziffer1 des Sterilisierungsgesetzes vom 14. 7. 1933). Belastet wurde das Urteil auch durch die Tatsache, dass sie seit acht Jahren von ihrem Ehemann getrennt und seit dem bei ihrem Vater lebte. Die Beschwerde von Frau A. wurde von der nächst höheren Instanz, dem Ergesundheitsobergericht in Naumburg/S. „als unbegründet abgelehnt". Als Anlage zur Unterstützung des Urteils dienten im Prozessfall der Frau A. der allgegenwärtige

„Sippschaftstafel", ein „Intelligenzprüfungsbogen" (in Stenographie ausgefüllt), Auszüge aus den Akten des Jugendamtes, ein Auszug aus dem Strafregister zu einer früheren Verurteilung (nebst einer früheren Verurteilung ihres von ihr getrennt lebenden Ehemanns). Herr A. wurde vom Amtsarzt des Stadtgesundheitsamt in Erfurt wegen „schweren Alkoholismus" beim Erbgesundheitsgericht angezeigt. Woher aber kamen die Informationen, Herr A. sei Alkoholiker? Er war 1929 von der „Fürsorgestelle für Alkoholkranke" als „trunksüchtig" gemeldet worden, die auch der örtlichen Polizeibehörde bekannt war. Im Sommer 1935 wird der Betroffene entmündigt, was wohl auch durch Mithilfe des Angehörigen des „Guttemplerorden" Diakon B. geschah. In den handschriftlichen Aufzeichnungen des späteren Vormunds waren stellenweise auch Darstellungen und Klagen der Mutter über die „Trunkenheit" des Sohnes zu entnehmen. Ihm wurde im Frühherbst des Jahres 1935 die „Unterbringung in ein Arbeitslager" angedroht. Da in Angelegenheiten gegen Fürsorgeempfänger die zuständigen Behörden gut zusammen arbeiteten, kam es im Oktober 1935 zur Anzeige beim Erbgesundheitsgericht in Erfurt. Das Erbgesundheitsgericht war dem jeweiligen Amtsgericht angegliedert. Offensichtlich war für die Angehörigen des Gerichts die Tatsache, der Vater habe schon „getrunken", ein Indiz dafür, der Alkoholismus des A. beruhe „auf einer ererbten psychopathischen Veranlagung, über die er nicht Herr werden kann...". Die Beschwerde des Verurteilten wurde vom Erbgesundheitsobergericht mit der Begründung abgewiesen, „er mag sich jetzt unter dem Druck des gegen ihn schwebenden Verfahrens wegen Unfruchtbarmachung zusammen genommen zu haben. Eine Gewähr für seine Heilung ist bei seiner vorhandenen Neigung zum Alkohol und seiner Willensschwäche nicht zu erwarten." Im August 1938 wird er im Städtischen Krankenhaus zu Erfurt aufgenommen und zwangssterilisiert. Doch damit ist der Weg des Herr A.

durch die erniedrigenden Instanzen und Institutionen noch nicht beendet. Im November beantragt sein Vormund „baldigst dessen Unterbringung in der Arbeitsanstalt Bad Salzelmen bei Schönebeck/Elbe“, weil er nach dessen Aussage „stark rückfällig geworden sei“, die später umgesetzt wurde. Ein Brief aus der Anstalt verdeutlicht die ausweglose Lage des Betroffenen. Die Grundlage für die Verfolgung derjenigen, die nicht den rassistischen Idealvorstellungen der Nazis entsprachen, war die Evolutionsthese von Charles Darwin, die hauptsächlich beinhaltete, dass schlecht angepasste Arten und Individuen den „Kampf ums Dasein“ auf Dauer nicht bestehen würden. Die Sozialdarwinisten beurteilten nach medizinischen Gesichtspunkten – „Erbkrankheiten“ und körperliche Abweichungen nach einem völkisch-kulturellen Idealbild und nach Bedürfnissen der Industrienorm, hinzu kamen soziale (Elite, Masse), kulturelle (Kulturvolk vs. Naturvolk/Kolonialvolk) bzw. psychische Kriterien – abweichendes Verhalten jedes unliebsame Verhalten war offen für die Haeckel´sche Degenerationsthese. Der Sozialdarwinismus war nicht allein auf die Nazis zurück zu führen, ja schon rechte Sozialdemokraten, die sich im Umfeld des Arztes Alfred Grotjahn bewegten, hatten die Theorien Haeckels umgesetzt und Gesetze gegen die „Degeneration“ des deutschen Volkes verlangt. So hatte der preußische Justiz- und Innenminister Wolfgang Heine (SPD) erste rassenhygienische Gesetze erlassen. Doch Deutschland darf hier nicht als Insel gesehen werden; in der Schweiz wurde nach sozialen Anzeichen sterilisiert, in Österreich war die Sterilisation schon Praxis. In Italien, Frankreich, Ungarn, Großbritannien, Schweden und Dänemark waren viele Anhänger. In den USA und Skandinavien werden in der Folgezeit Tausende Menschen zwangssterilisiert. Die „Rassehygieniker“ hielten fast alle Volkskrankheiten und geistigen – eben auch seelischen – Behinderungen oder „Krankheiten“, bzw. soziale Deklassierung für genetische

Defekte den Kern des rassenhygienischen Programms aber bildete der Kampf gegen angeblich „minderwertige" Unterschichtsfamilien. Soziale Deklassierung bzw. Desintegration führten die Rassenhygieniker auf erbliche Defekte zurück. Die Rassenhygiene wurde zum Mittel einer radikalen Armenpolitik „defekte Erbströme" sollten so behandelt und verortet werden, dass sie mit den „intakten Gen-Massen", nicht in Berührung geraten im Mittelpunkt der Selektionspolitik stand die Familie als „biologische Zelle des Volkes" bzw. „soziale Zelle des Staates", sie hatte die Garantin „des Blutstromes im Volke zu sein" Die Konsequenz daraus hieß: Eben nur die „erbgesunde" Familie wurde gefördert. Das Hauptargument für diese Politik lieferten die rückläufigen Geburtenzahlen der letzten dreißig Jahre – von 1932 bis 1900. Die Rassenhygieniker sahen aus der These, der Rückgang würde vornehmlich die „Wertvollen" als die „Minderwertigen" betreffen, einen „erschütternden" Beweis dafür, die „...gesunden, tauglichen Familien" „sterben aus". Die Rassenhygieniker malten das apokalyptische Bild der „Verpöbelung" der Deutschen. ein wissenschaftliches Fundament für die These der „Vererbung" gab es aber nicht, z.B. gestanden sich 1934 Hans Luxemburger und Ernst Rüdin auf dem Psychiaterkongress in München ein, sie wüssten so gut wie nichts über die Ursachen der wichtigsten Massenkrankheiten, vor allem der psychischen‘ eben so wenig könnten sie wissenschaftlich beweisen, ob und wie sie sich vererben. Über eines war man sich klar Bis zur Sterilisation der „Erbkranken" könne man nicht bis zur wissenschaftlichen Klärung warten. In der Hauptsache aber war man sich einig, dass „das deutsche Volk von erbbiologisch unerwünschtem Nachwuchs zu befreien" sei. Die Ersatzantwort suchten sie in der Empirie Aus Mangel an wissenschaftlichen Beweisen gingen sie von der Erfahrung aus, dass alle wichtigen Krankheiten – einschließlich der psychi(atri)schen – familiär gehäuft auftreten daraus folgte die

Hypothese der Vererbung; sie wüssten nicht im geringsten, wie der Weg der Vererbung vor sich ginge, nur reine Erfahrungsgrößen lieferten ihre Beobachtungen 1928 wurde in Bayern und Sachsen die „Kriminalbiologische Gesellschaft" gegründet Begründung der Kriminalität der Unterschichten durch Vererbung daraufhin sollte der gesamte Strafvollzug mit „Kriminalbiologischen Sammelstellen" überzogen werden; 1929/1930 sollten dann auch erste „erbbiologische Bestandsaufnahmen" in Heil- und Pflegeanstalten sowie in Arbeitshäusern und Fürsorgeheimen in die Wege geleitet werden Noch kamen Versuchsprojekte dazu, die die Vererbung von Armutskrankheiten als genetisch bedingt „beweisen" sollten. 1933 eröffnete A. Gercke als „Sachverständiger für Rassenforschung" beim Preußischen Innenministerium das „Amt für Sippenforschung", gleichzeitig fügte er die vielen Vereine für Sippenforschung im „Reichsverein für Sippenforschung" – ab 1935 „Reichsstelle für Sippenforschung" zusammen hier entstanden die ersten Grundzüge einer umfassenden „Reichssippenkartei", welche jeden „Volksgenossen" in einem „Sippenblatt" familiär erfassen sollte. Schon vor 1935 war das Amt für den Nachweis „deutschblütiger Abstammung" zuständig darauf aufbauend sollten „schlechte Erbströme" innerhalb der „deutschstämmigen" Bevölkerung sichtbar gemacht werden somit sollte seit 1933 die Bevölkerung nach den Kriterien der „Erbbiologie" in „unterwertig", „durchschnittlich" und „hochwertig" eingeteilt werden, dabei stand die Erfassung der „Minderwertigen" im Vordergrund 1934 repräsentative Tagung über „Erblehre und Rassenhygiene im völkischen Staat" am Kaiser Wilhelm-Institut in München hier sollte ein „durchführbarer Arbeitsplan für eine Generaluntersuchung der ganzen Bevölkerung" herausgearbeitet werden, der die Mitglieder jeder Familie zu umfassen hatte das soziale Existenzrecht wurde nur noch auf diejenigen der Unterschicht beschränkt, deren Arbeitskraft gerade noch so verwertbar schien etwa sechs Millionen Menschen bestanden, dies Zuordnung nicht; sie waren geschwächt, chronisch erschöpft, von typischen Armutskrankheiten befallen oder einfach an der Perspektive des kommenden Jahrzehnts verzweifelt. Dabei wurden soziale und sozialpolitische Komponente nicht im geringsten beachtet. Krankheit war einerseits „erbbedingtes Schicksal", leitete sich aus der Zugehörigkeit zur „erbkranken Sippe" ab, und war andererseits identisch mit der Zughörigkeit zum Subproletariat aus der Krankheit gab es somit methodisch-statistisch keinen Ausweg Die NS-Führung bzw. Ministerialbürokratie versuchte ihrerseits die neuesten „Errungenschaften der erbbiologischen Forschung" in Gesetze und Verordnungen zu verfassen so wurden die „Ergebnisse der Erbprognose in den vier wichtigsten psychiatrischen Erbkreisen" aus dem Kaiser Wilhelm-Institut in München (Rüdin) umstandslos in das „Gesetz zur Verhütung erbkranken Nachwuchses" übernommen. Die „erbstatistische Bewegung" musste überschaubar gemacht und in staatliche Regie genommen werden das „Gesetz zur Vereinheitlichung des Gesundheitswesens" (Wann?) trat in Kraft, welches ausschließlich erbbiologisch ausgerichtet war dadurch wurden nun 650 Gesundheitsämter zur „erbbiologischen Bestandsaufnahme" geschaffen. Die Haupttätigkeit lag in den „Beratungsstellen für Erb- und Rassenpflege", in den aber nicht „beraten" sondern erfasst werden sollte hier wurden „Erbarchive" oder „Erbkarteien" eingerichtet. Alle Angestellten des Gesundheitsamtes und SozialfürsorgerInnen waren dazu verpflichtet, „Erbkrankheitsverdächtige" an die Amtsärzte der Gesundheitsämter per Formularvordruck zu melden darauf folgte die Untersuchung beim Amtsarzt, der nun standardisierte "Sippentafeln" ausfüllte, Untersuchungsbögen ausfüllte und schließlich Karteikarten anlegte dann wurden die "Erbgesundheitsgerichte" eingeschaltet, welche ab 1.1.1934 ihre Funktion aufnahmen die Zahl der Zwangssterilisierten beträgt bis zum Jahr 1939 jährlich 60.000 Menschen im Durchschnitt. Der Kreis der nunmehr Erfassten wurde von Beginn an größer die Einbeziehung der "Ehestandsdarlehensbewerber" war ein Akt von außerordentlicher Bedeutung, weil die Untersucher durch die Richtlinien des Reichinnenministeriums dazu verpflichtet waren, nach einem genauen Merkmalskatalog zwischen "erbkrank", "erbbelastet" und "erbgesund" zu unterscheiden - denn bevor erfasst wird, müssen immer möglichst exakte Aussonderungskriterien geschaffen werden. Ab 1935 kamen weitere Aussonderungskriterien hinzu zu Beginn des Jahres die Zusatzbegutachtung von "erbkranken" Frauen, die zur Zeit der Erfassung bereits schwanger waren, um sie staatlicherseits zur Abtreibung zu zwingen und schließlich gegen Ende des Jahres "Ehetauglichkeitsuntersuchungen" von "Erbkrankheitsverdächtigen" - und "Zigeunern" und Juden damit wurde zwischen dem "Ehegesundheitsgesetz" und dem "Blutschutzgesetz" eine folgenreiche Verbindung zwischen "ausmerzender Erbpflege bei Deutschstämmigen" und "Fremdrassigen" hergestellt. Die Hauptrichtung der NS-Familienpolitik war "Aufartung des Volkes". Das Ziel war, möglichst viele "erbgesunde Kinder" aus ebensolchen Familien für den NS-Staat zu bekommen. Gleichermaßen wurden derartige Vereinheitlichungen auch auf bezirklicher Ebene der Heil- und Pflegeanstalten angestrebt hier musste des Erfassungswesen aber so gestaltet werden, dass keine Widerstände hervogerufen würden zu diesem Zweck taten sich die regionalen Anstaltsdezernenten im Herbst 1934 zusammen, um die Vorarbeiten ab zu stimmen. Es sollte eine Organisation geschaffen werden, die eine einheitliche Arbeitsweise sämtlicher rechsweiten Heilanstalten sicherte Daraufhin schaltete sich kurze Zeit später die "Erbbiologische Abteilung" des Reichsgesundheitsamts gemeinsam mit der Gesundheitsabteilung des Reichsinnenministeriums ein, um den Zusammenhang mit der gerade angelaufenen "erbbiologischen Bestandsaufnahme" der Gesundheitsämter zu sichern hier wurde eine weitest gehende Angleichung der Erfassungsmittel vereinbart. Gleichzeitig wurden die Anstaltsärzte vertraglich dazu verpflichtet, Kartendoppel an die Kataster derjenigen Gesundheitsämter zu schicken, in denen der Betroffene geboren war. Somit trat eine Verfeinerung des Erfassungsrasters ein, welches nur ein Ziel verfolgte: die Erweiterung der Bestandsaufnahme vom einzelnen Opfer auf dessen Verwandtschaft. einen weiteren Schwerpunkt der „Erbbestandsaufnahme" war dessen Aufbau in den Zuchthäusern, Gefängnissen und Arbeitsanstalten; von vornherein waren hierfür schon die breitesten gesetzlichen Grundlagen geschaffen die Insassen des Strafvollzugs mussten nach dem Sterilisierungsgesetz sortiert und dem zuständigen Erbgesundheitsgericht vorgeführt werden „Gesetz gegen gefährliche Gewohnheitsverbrecher und über Maßregeln" als weiterer gesetzlicher Baustein zur Verfolgung die Knastärzte sorgten in Einheit mit den Wohlfahrtsbehörden dafür, dass die Delinquenten nach dem Strafvollzug auch weiterhin in Verwahrung blieben, bis die „Versorgungsheime" reorganisiert und entsprechend Entmündigungsverfahren für die „geschlossen Fürsorge" durchgeführt waren am 18. Juli 1940 veröffentlichte das Reichsinnenministerium „Richtlinien zur Erfassung der Erbgesundheit" an alle Gesundheitsämter, um die Diskussion zu beenden, den Begriff der „Asozialität" zu definieren. In den Folgejahren wurde häufig auf diese Definitionsrichtlinien zur Gewährung von Sozialleistungen zurück gegriffen im Nationalsozialismus ist keine reichsweite Erfassung der „Asozialen" zustande gekommen. Die Erfassung blieb jeweils nur regional begrenzt (Hamburg, Hessen, Württemberg, Sachsen, Thüringen, Rheinland). Die „erbbiologische Bestandsaufnahme des Deutschen Volkes" der „Asozialen" bei den Gesundheitsämtern bildete aber schon mal den Grundstein zur überregionalen Erfassung Angehörige der Unterschichten wurden vor allem mit der Diagnose

„angeborener Schwachsinn" zwangssterilisiert. Die Diagnose wurde nicht nur an Hand der „Intelligenzprüfungsbögen" gestellt, sondern als „moralischer Schwachsinn" wurde eine unangepasste Lebensweise oder ein abweichendes Wertesystem bezeichnet. Sozialer Werdegang und „Lebensbewältigung" waren entscheidende Indikatoren für die Diagnose „angeborener Schwachsinn". Fürsorgeberichte spielten eine gewichtige Rolle bei der Entscheidung, Anträge auf Sterilisation bei den Erbgesundheitsgerichten zu stellen. Mitunter gingen die Berichte wörtlich in die Urteilsbegründung ein. Dass das Zwangssterilisationsgesetz eine sozialtechnische Maßnahme gegen die Unterschichten war, zeichnete sich dann immer deutlicher ab. So reichte schon der Bezug von Sozialleistungen aus, um von den zuständigen Fürsorgeämtern beim Gesundheitsamt angezeigt zum werden. Soziale Beurteilungen wurden in den Sterilisationsbeschlüssen gegen „Asoziale" notdürftig hinter pseudomedizinischen Diagnosen versteckt Schulversagen, Vorstrafen, Arbeitsplatzverlust usw., ja auch Armut wurden zur Erbkrankheit erklärt. Die „Minderwertigen" hätten sich ihr deklassiertes Umfeld selbst geschaffen oder zumindest aufgesucht. Bereits 1938 sollte nach dem Vorschlag von Ottmar von Verschuer das Sterilisierungsgsesetz leichter um zu setzen sein. Sein Ansinnen war, auf die konkrete Benennung der Krankheiten zu verzichten, um dafür die Sterilisation bei jeder schweren geistigen Störung, jeder schweren Krankheit und jeder schweren körperlichen Missbildung zu ermöglichen. Den radikalsten Vorschlag aber unterbreitete Heinrich Wilhelm Kranz: Allen „Gemeinschaftsfremden" sollten die „völkischen Ehrenrechte" per Richterspruch aberkannt werden können. Dieser Richterspruch sollte grundsätzlich mit Zwangssterilisation, Eheverbot bzw. Auflösung bestehender Ehen und Wegnahme der Kinder einher gehen. die Frage, wer denn überhaupt „asozial" sei, blieb zeit der NS-Herrschaft immer diffus. Wissenschaftler, die sich dem Phänomen „Asozialität" nähern wollten, überließen es Behörden, Gemeindeschwestern bzw. Gesundheitspflegern, ihnen die zu nennen, die „irgendwie auffällig geworden" seien. Der Informationsdienst der NSDAP veröffentlichte in einem Merkblatt, wie man die theoretische Begriffsklärung in die Praxis umsetzen könne: Der Begriff „gemeinschaftsunfähig" sollte auf jeden angewandt werden, der wiederholt bei Polizei, Behörden aufgefallen war, der Fürsorge zur Last fiel, viele Kinder, aber keine Arbeit hatte, seinen Haushalt nicht ordentlich führte, sexuelle Normen verletzte, alkoholabhängig war oder seine Kinder nicht erzog, wie der NS-Staat es erklärt hatte.

Station 14: Petersberg

Die Station Petersberg unterteilt sich in mehrere kleine Stationen. Nach einer kurzen Auseinandersetzung mit der derzeitigen Funktion des Petersberges als touristisches Aushängeschild der Stadt folgt ein erster Halt vor dem im Februar 1933 eingerichteten Schutzhaftlager, in dem mehrere hundert Gefangene einsaßen und von hier u. a. zu Folterungen geführt worden, nach denen mindestens sechs von ihnen starben. Ein zweiter Halt erfolgt vor der ehemaligen Defensionskaserne, in der sich die Gefängniszellen von rund 50 vom ebenfalls auf dem Petersberg angesiedelten Kriegsgericht zum Tode verurteilten Deserteure und „Wehrkraftzersetzer" befinden. Die Station endet über dem im Jahr 1995 am Fuße der Festungsmauern errichteten DenkMal für den unbekannten Wehrmachtsdeserteur. Der Petersberg ist eines der touristischen Aushängeschilder der Stadt Erfurt. Schon im Oktober 1990 wurde die Bauhütte Petersberg gebildet, die mit Hilfe von ABM-Kräften die Sicherungs-, Sanierungs- und Rekonstruktionsarbeiten beginnt. Heute bietet der Petersberg verschiedene touristische Attraktionen: Rundgänge durch die unterirdischen Minengänge, Fackelführungen durch die Festung, eine Ausstellung zur konkreten Kunst in der Peterskirche, eine historische Ausstellung in der Grenadierwache, ein Informations- und Dokumentationszentrum über das Ministerium für Staatssicherheit der DDR, eine Festungsbäckerei und (bald) auch ein Panoramacafé. Der Petersberg hat sogar ein Maskottchen: Es heißt „Leutnant Pfiff" – ein lustiger Soldat mit einem lustigen Soldatenhut und einer lustigen Kanone. Zur Woche des Offenen Denkmals können auf dem Petersberg auch alle einmal Leutnant spielen und mitmachen beim „Kanonenschießen".

Polizeigefängnis / Kriegsgericht

Schon sechs Jahre vor Beginn des zweiten Weltkrieges bekam der Petersberg eine Bedeutung für den nationalsozialistischen Terror. Im Februar 1933 eröffnete in diesem Gebäude das Schutzhaftlager für politische Gefangene. Als am 2. Mai 1933 SA-Trupps das Gewerkschaftshaus, das „Haus zum Regenbogen" in der Johannesstraße, besetzten, wurde das gesamte Vermögen beschlagnahmt und 44 Funktionäre mit erhobenen Händen durch die Stadt zum Polizeigefängnis auf dem Petersberg gebracht. In dem Gefängnis sitzen im November 1933 241 Gefangene ein. Viele der Häftlinge wurden von dort in Konzentrationslager eingeliefert. Aus dem Gefängnis wurden viele Häftlinge zum SA-„Verhör" geführt, wo sie misshandelt oder gefoltert und einige ermordet worden. Zu ihnen gehören Josef Ries (07.11.1900 – 28.06.1933), Heinz Sendhoff (08.07.1900 – 08.07.1933), Waldemar (Chaim Wulf) Schapiro (26.06.1893 – 15.07.1933), Friedrich Dingelstedt (01.04.1889 – 19.02.1936), Fritz Noack (14.09.1905 – 01.08.1939) und Fritz Büchner (02.02.1889 – 05.12.1942) denen an dieser Hauswand eine noch aus der DDR stammende Gedenktafel gewidmet ist. Während relativ bekannt ist, dass das Gebäude Petersberg 10a ein Polizeigefängnis war, ist eher unbekannt, dass sich hier ab 1939 auch das Kriegsgericht befand. 1938 gibt es auf dem Petersberg bereits folgende Wehrmachtsdienststellen: Kommandantur Erfurt, 29. Division, Sanitätsabteilung 29, Wehrersatz-Inspektion, Wehrbezirkskommando, Wehrmachtsamt, Wehrmachts-Fürsorge und – Versorgungsamt, Heeres-Abnahme Inspektion Mitte, Heeresbauamt I, Heeresfachschule, Standortpfarrer.

Defensionskaserne

In diesem Gebäude, genannt Defensionskaserne, waren während des zweiten Weltkrieges Wehrmachtssoldaten untergebracht. Aber im gleichen Gebäude waren auch die Gefängniszellen der sogenannten Wehrkraftzersetzer, Fahnenflüchtigen und Deserteure. Dieses Kapitel des Erfurter Petersberges wurde von der Stadt niemals aufgearbeitet, weshalb nur wenige gesicherte Angaben vorliegen. Zu den wenigen Überlieferungen über das Kriegsgericht auf dem Petersberg gehören die Erinnerungen des katholischen Standortpfarrers Joseph Müller, die er für das Buch „Im Land der heiligen Elisabeth" niederschrieb. Müller schreibt, dass das Erfurter Kriegsgericht wegen seiner harten Strafen und häufigen Todesurteile geradezu berüchtigt war. Joseph Müller wurde im Herbst 1939 vom Wehrkreiskommando in Kassel zum Standortpfarrer von Erfurt benannt. Ende des Jahres 1939 kam – wie er schreibt völlig unerwartet – die Aufgabe hinzu, die im Militärgefängnis inhaftierten Soldaten und besonders die zum Tode verurteilten zu betreuen. Er habe etwa 20 Soldaten auf ihrem letzten Gang zur Erschießung auf den Drosselberg hinter dem Steiger oder zur Hinrichtung mit dem Fallbeil im Gefängnishof in Weimar begleitet hat. Demzufolge waren es insgesamt sicherlich weit mehr als 50 Männer, die dafür getötet wurden, dass sie beim Vernichtungskrieg der Wehrmacht nicht mitmachten.

Oberhalb der Festungsmauern

Der Ort der Erschießung war vermutlich unterhalb der Festungsmauern. Dort steht seit dem 1. September 1995 das DenkMal für den unbekannten Wehrmachtsdeserteur. Es wurde gebaut vom Erfurter Künstler Thomas Nicolai und durchgesetzt von einer Initiative gegen alle Versuche des

Oberbürgermeisters und der Kunstkommission, dieses Zeichen zur Rehabilitierung der sogenannten Fahnenflüchtlingen und Wehrkraftzersetzer zu verhindern. Das DenkMal, das einen Menschen zeigt, der aus der uniformen Kriegsmaschinerie ausschert, ist ein Antibild zum historisch nahezu ungebrochenen Bild des zu Gehorsam verpflichteten Soldaten. Es ist damit auch Antibild zum Soldatendenkmal, das am Hang zwischen Domplatz und Petersberg von 1935 bis 1945 stand. Es zeigt einen Soldaten des 71. Regiments und wurde auf Initiative ehemaliger Angehöriger des Infanterieregiments Nr. 71 gemeinsam mit dem „Militärverein 71“ als Erinnerungsdenkmal errichtet. Um die Baukosten zu decken, verkauften die Initiatoren sogenannte Bausteine zu 0,50 Reichsmark. Es kamen 19.476,19 RM zusammen, was bedeutet, daß sich fast 40.000 Menschen an der Finanzierung beteiligten.

Station 15: Hotel „Hohe Lilie"

Das Hotel 'Zur Hohen Lilie' ist auch Bestandteil vieler konventioneller Stadtführungen. Im Vordergrund sollen jedoch nicht die bedeutenden Gäste des Hotels stehen, sondern die rund 8-10.000 Menschen, die während der NS-Zeit als Zwangsarbeiterinnen und –arbeiter in der Innenstadt Erfurts untergebracht waren – rund 60 von Ihnen auch im Hotel 'Zur Hohen Lilie'. Thematisiert werden neben den katastrophalen Lebens- und Arbeitsbedingungen der meist noch sehr jungen Menschen ihre 'Nutzung' durch die deutsche Gesellschaft in fast allen Lebensbereichen. In den Erfurter Stadtrundgängen wird dieses Hotel als ein schönes Renaissance-Gebäude vorgestellt, in dem einst Napoleon übernachtet hat. Kaum bekannt ist dagegen, daß hier in der Zeit des Nationalsozialismus zahlreiche Zwangsarbeiter und Zwangsarbeiterinnen einquartiert wurden, die dort auf engstem Raum leben mußten. Zunächst waren hier ausländische Arbeitskräfte des Erfurter Flugzeugreparaturwerks untergebracht, das außerdem noch in Erfurt-Nord ein zusätzliches Lager betrieb. Dieses Werk war 1936 zur Reparatur von Flugzeugen der Luftwaffe eingerichtet worden. Während des Zweiten Weltkrieges wurde auch die Produktion von Kriegsflugzeugen aufgenommen. Später waren im Hotel „Hohe Lilie" Zwangsarbeiter und Zwangsarbeiterinnen der Rüstungsfirma „Olympia" untergebracht. Die Olympia Büromaschinen-Werke AG hatte sich 1935 zum größten Produzenten von Schreibmaschinen entwickelt. Im Jahr 1937 nahm die „Olympia" die Rüstungspduktion auf, deren Anteil sich bis 1944 auf 72 Prozent der Gesamtproduktion belief. Im diesem Jahr arbeiteten hier 550 ausländische Arbeitskräfte, davon ein großer Teil aus der Sowjetunion. Am Ende des Zweiten Weltkrieges lebten in Erfurt etwa 30.000 zivile ausländische Arbeitskräfte und Kriegesgefangene aus ganz Europa, die hier

Zwangsarbeit verrichten mußten. Etwa zwei Drittel dieser Menschen stammte aus Osteuropa. Die meisten kamen aus der Sowjetunion (v.a. aus der Ukraine) und aus Polen. Unter den westlichen Ländern bildeten die französischen Arbeitskräfte die größte Gruppe. Darunter befanden sich Menschen aller Altersstufen, von Kindern unter 10 Jahren bis zu Menschen, die 60 Jahre und älter waren. Ein großer Teil war sehr jung - etwa um 20 Jahre alt - weshalb der Alterdurchschnitt bei etwa 28 Jahren lag, bei den sogenannen Ostarbeitern und Ostarbeiterinnen sogar noch niedriger. In Erfurt existierten 32 Barackenlager, in denen Zwangsarbeiterinnen und Zwangsarbeiter untergebracht waren, und die in der gesamten Stadt verteilt waren. Häufig befanden sich die Lager in unmittelbarer Nähe zu den Betrieben, in denen sie beschäftigt waren. Besonders in Erfurt-Nord und im Krämpfer-Feld standen zahlreiche Barackenlager. Teilweise erfolgte die Unterbringung aber auch in Gaststätten oder in Privatunterkünften. Vergegenwärtigt man sich die ungeheure Zahl an Zwangsarbeitern und Zwangsarbeiterinnen, die in Erfurt untergebracht wurden, wird deutlich, daß vorhandene Räumlichkeiten rasch ausgeschöpft waren. Auch der Bau von Baracken mußte beantragt werden, und erfolgte nicht in demselben Ausmaß, wie die Betriebe neue Arbeitskräfte anforderten. Da die Anforderung von Arbeitskräften mit der Nachweisung einer Unterbringungsmöglichkeit verbunden war, wurden auch private Quartiere und Gaststätten genutzt. Das Hotel „Hohe Lilie" bildete hierbei keine Ausnahme. In fast allen Erfurter Gaststätten wurde Zwangsarbeiterinnen und Zwangsarbeiter einquartiert, die dort zusammengedrängt und teils unter miserablen hygienischen Umständen leben mußten. So berichtet im August 1943 ein Erfurter Bürger über die Gaststätte „Schwan" in der Gotthardstraße, wo 26 ukrainische Zwangsarbeiter im früheren Tanzsaal untergebracht waren, und im Nebenraum weitere 40 Zwangsarbeiter einquartiert werden sollten:

„Die Zustände im Lager der Ukrainer im Gasthaus Schwan sind bald nicht mehr zu beschreiben. Wie die Ukrainer selbst zugeben sind die Schlafdecken wer weiß wie lange nicht gereinigt bezw. das Stroh erneuert. Selbst die Stube befindet sich in einem Zustand der länger nicht tragbar ist. Bei all diesem bilden sich allerlei Ungeziefer. In der Hauptsache gibt es Flöhe."

Stadtrat Sennewald beklagt im Februar 1942 die Zustände im Lager der Reichsbahndirektion Erfurt, das sich hinter dem Gaswerk befand:

„Die Insassen schlafen, wohnen und essen im gleichen Raum, der vor Schmutz starrte und in einem unmöglichen Zustand angetroffen wurde. Auf den Betten lagen angefressene Kohlrüben in rohem Zustand. [...] Die Kranken waren nicht in einer Sanitätsstube, sondern in den Schlafräumen untergebracht und sich selbst oder anderen überlassen, ohne Rücksicht auf ihren Zustand und auf die damit verbundenen Ansteckungsgefahren. Das Lager ist nur zugängig bei starkem Frost, da sonst durch den Unrat und die vorhandenen Bedürfnisabgänge ein Zutritt kaum möglich ist. [...] Seit 4 Wochen ist das Lager besetzt. Zum Teil ohne notwendige Fußbekleidung haben die Betreffenden bereits ihr Geld gezahlt, aber Schuhe noch nicht erhalten. Eine Lohnvergütung ist ebenfalls noch nicht erfolgt. Briefwechsel mit ihren Angehörigen kann nicht stattfinden. [...] Ich beantrage deshalb die Herausnahme der zivilen Arbeitskräfte und anderweitige Vermittlung durch das Arbeitsamt. [...] Ohne sentimental zu sein oder falsche soziale Begriffe anzuwenden, wäre es besser, diese Menschen sofort zu vernichten, ehe man sie als lebendige Zeugen dieser Zustände noch beibehält."

Die meisten Zwangsarbeiterinnen und Zwangsarbeiter wurden in der Rüstungsindustrie eingesetzt (Henry Pels & Co., J.A.

John AG, Olympia Büromaschinen, Feinmechanische Werke, Telefunken). Viele arbeiteten auch bei der Eisenbahn oder in städtischen Betrieben (z.B. Energieversorgung) oder wurden von der Stadt zur Beseitigung von Kriegsschäden eingesetzt. Ebenso mußten die ausländischen Arbeitskräfte in der Landwirtschaft, in Handwerksbetrieben und Privathaushalten arbeiten. Es gab also kaum jemand, der sich diese billigen Arbeitskräfte nicht zu nutze machte. Zu der Erfurter Maschinen- und Werkszeugsfabrik (Erma), die im Zuge der Aufrüstung Karabiner, Pistolen und Maschinengewehre herstellte, gehörten auch die Feinmechanischen Werke (Feima). Dieser Betrieb wurde 1935 als reines Rüstungsunternehmen gegründet, wo ausschließlich Waffen und Zubehörteile für die Luftwaffe produziert wurden. Die Feima beschäftigte in Erfurt die meisten Zwangsarbeiter und Zwangsarbeiterinnen - mehrere Tausend. Der größe Teil dieser Menschen lebte in unmittelbarer Nähe des Werks, in dem großen firmeneigenen Baracken-Lager Viehhofstraße (beim Schlachthof; heute Greifswalder Straße), das von einem Stacheldrahtzaun umgeben war. Wurden manche Verbrechen des Nationalsozialmus auch nicht in aller Öffentlichkeit durchgeführt, so war doch der Einsatz von tausenden Zwangsarbeiterinnen und Zwangsarbeitern in Erfurt kaum zu übersehen. Besonders in den letzten Kriegsjahren prägten die ausgemergelten Gestalten das Stadtbild. Darüber, wie diese Menschen von der Erfurter Bevölkerung behandelt wurden, wie ihr Alltag und die Arbeitsbedingungen in den Fabriken und Betrieben aussahen, wissen wir nur wenig. Zwar gibt es Berichte über Solidaritätsbezeugungen deutscher Arbeitskräfte oder Aktionen illegaler Widerstandsgruppen (z.B. in den Olympia-Werken), doch waren solche Fälle wohl eher die Ausnahme. Widerstand oder Flucht ausländischer Arbeitskräfte wurde hart bestraft, z.B. durch die Einweisung in das 1943 errichtete „Arbeitserziehungslager" in Römhild.

Station 16: Tribüne – Zeitung der Sozialdemokratischen Partei für den Regierungsbezirk Erfurt und das Land Thüringen

30.1.1933   Die Zeitung erhält am 30.01.1933 um 13.30 Uhr die Mitteilung von Hitlers Reichskanzlerschaft. Eine kurze Mitteilung konnte noch gedruckt werden. 14.00 Uhr war täglich Redaktionsschluss, so konnte ein Kommentar erst am nächsten Tag erscheinen.

in der Ausgabe vom 31.01.1933 erscheint folgendes Zitat, was darauf deutet, mit was gerechnet wurde.

„(...)Was sonst auch kommen mag, ob man uns schikaniert oder verfolgt, unsere Pflicht, Genossinnen und Genossen, ist es jetzt – treu und solidarisch zusammenzustehen. In Deutschland kann man uns hemmen aber nicht dauernd unterdrücken. "

Bedeutung der Zeitung – allgemein

Wir können uns gar nicht vorstellen, was es heißt, wenn uns die tägliche Zeitung fehlt. Wir beziehen unsere Informationen aus dem Fernsehen und dem Internet, in dem eine Zensur in diesem Sinne nicht mehr stattfindet. In der Zeit um die Jahrhundertwende besaßen Zeitungen eine Bedeutung, die ihnen heute weniger zukommt. Sie waren in dieser Zeit die einzigste Informationsquelle, die auch den ärmeren Bevölkerungsschichten zu Verfügung stand und den Menschen die Möglichkeit gab sich politisch zu bilden und an öffentlichen Entscheidungsprozessen teilzuhaben. Die Zeitungsentwicklung in der zweiten Hälfte des 19. Jahrhunderts war gekennzeichnet durch die Entwicklung einer Massenpresse, aber auch durch die Etablierung der Partei- und Gesinnungspresse. Sie waren die wichtigsten Teile der Meinungsbildung und dienten der Schaffung von gesellschaftlicher Gemeinschaft über die Diskutierbarkeit der Beiträge im sozialen Umfeld, wie dem Betrieb, der Familie oder im Verein. Deshalb ist bei dieser Station zu beachten, dass die Geschichte eines Erfurter sozialdemokratischen Blattes nur verständlich wird, wenn auch die Entwicklung, die die Sozialdemokratische Partei eingeschlagen hat, berücksichtigt wird. Es wurde dort beschrieben, wie die Kriminalisierung und Terrorisierung gegen alle, den nationalsozialistischen Vorstellungen nicht Zustimmender, organisiert wurde. An dieser Station wird beispielhaft beschrieben wer, wie und warum von faschistischer Repression betroffen wurde. Die „Tribüne" war eine der ersten sozialdemokratischen Zeitungen in Thüringen und wurde 1933 von der NSDAP verboten, das Vermögen beschlagnahmt und die Redaktionsräume gesperrt. „Hatte die Erfurter Sozialdemokratie durch Versammlungen in den zahlreichen Fachvereinen während des Jahres 1889 einen erheblichen Aufschwung genommen, und übertraf damit in ihrer Aktivität die bürgerlichen Parteien in der Stadt bei weitem", so waren sie in ihren politischen Aktivitäten weit mehr eingeschränkt als diese. Am 25. Mai 1889 wurde noch ein neugegründeter Arbeiterwahlverein verboten. Gegen dieses Verbot legte der preußische Innenminister Heerfurth am 12. Juni 1889 jedoch starke Bedenken ein und ersuchte die „Regierung zu Erfurt `von einem Verbot anderer sozialdemokratischer Vereine (...) abzusehen und auch die etwaigen Fortsetzungen des verbotenen Vereins nicht zu behindern'." Auf diese Art und Weise legitimiert, traten im Sommer 1889 ein Gründungskomitee aus Paul Hermann Reisshaus sowie leitende Sozialdemokraten in Arnstadt, Gotha, Weimar und Apolda mit Karl Schulze aus Leipzig zusammen, um dass schon seit langer Zeit geplante Projekt, einer örtlichen sozialdemokratischen Zeitung zu verwirklichen. Die neue Zeitung erschein erstmals am 1.

September 1889 als „Thüringer Tribüne". Mit 400 Abonnenten gegründet, fand sie in ganz Thüringen guten Absatz und belebte die sozialdemokratische Tätigkeit in besonderer Weise. Zunächst bildete die Zeitung ein Kopfblatt des Leipziger „Wählers", wo auch der Druck und die Hauptredaktion erfolgte. Die Redaktion befand sich im Haus mit der Nummer 42. Die Herausgabe dreier Kopfblätter und einer Gratisbeilage kann die zentrale Stellung, die Erfurt in der thüringischen Sozialdemokratie am Ende des Sozialistengesetzes eingenommen hat, nicht besser verdeutlicht werden. Ausgerüstet mit einer eigenen Zeitung und auf der Grundlage einer über zahlreicher Fachvereine, Krankenkassen und Gewerkvereine gespannten Organisation mit dem am 25. Mai 1889 verbotenen, und am 8. November neugegründeten Wahlverein (in diesem auch Schulze in den Vorstand gewählt wurde) als Mittelpunkt, blickte die Sozialdemokratie optimistisch auf die Reichstagswahlen 1890. Nichts verdeutlicht besser, wie stark die sozialistische und sozialdemokratische Arbeiterschaft in Erfurt, Umgebung und Thüringen organisiert waren. 1894 übernahm die „Offene Handelsgesellschaft Reißhaus & Co." die Geschäftsleitung. „Das junge Unternehmen" expandierte sehr schnell. Redaktion und Druckerei zogen in die Gartenstraße 7 um. Nominelle Teilhaber des Unternehmens waren der sozialdemokratische Reichtagsabgeordnete Paul Reißhaus, der Verlagsgeschäftsführer Friedrich Stegemann, ein alter Erfurter Sozialdemokrat, und der Schneidermeister August Wacker, an dessen Stelle 1906 der Schneidermeister Heinrich Eckhardt trat. Die Redaktion hatte bis 1897 Gustav Hülle inne. Die folgenden Redakteure Heinrich Schulze (1897-1901), Max Grunewald (1901-1902), Bruno Sommer (1902-1904) und Paul Hennig (1904-1908) führten einen politischen Diskurs in der Zeitung ein, der auch ihrer zentralen Stellung in Thüringen gerecht wurde. Diese Redakteure konnten unterschiedlicher nicht sein. Schulze galt als Anhänger

Bernsteins. Grunewald war Marxist und entschiedener Gegner Bernsteins. Nach einer Auseinandersetzung mit August Bebel verließ er Erfurt. Sommer, war vorher in der anarchistischen Bewegung tätig, verließ aber, nachdem er mit allen Mitgliedern des Parteivorstands Erfurt in Streit geraten war, auch die Stadt. Hennig war sozialdemokratischer Redakteur in Königsberg/Preußen gewesen. Bewerkenswertes sei an dieser Stelle noch erwähnt, das die Zeitung in dieser Zeit eine Strategie der „Sitzredaktion" führte. Das heißt, es gab zwei verschiedene Arten von Redakteuren, einmal diejenigen, die schrieben und diejenigen, die sich verantwortlich zeichneten. Die eben erwähnten Personen schreiben zumeist, für verantwortlich unterschrieben aber die übrigen Redaktionsarbeiter, wie Albert Rudolph, Hermann Pappe, Richard Levy, Max von Lojewski. Die Zeitung stand auch nach dem Fall des Sozialistengesetzes unter scharfer Beobachtung der preußischen Polizei und wurde mehr als andere Zeitungen Thüringens verfolgt. Im Jahrzehnt zwischen 1897 und 1907 mussten die Redakteure insgesamt 7 Jahre Gefängnisstrafen verbüßen. 1903 erfolgte eine „Vergrößerung der Druckereibetriebsräume", indem das Gebäude in der Kleinen Arche 1 angekauft wurde. Seit 1906 gehörten auch Wilhelm Dahl und Paul Petzold zur Redaktion der „Tribüne". Ab 1907 wechselten sie sich in der Verantwortung ab. Dahl stand dem rechten Flügel der SPD nahe, Petzold vertrat eine entschiedene sozialistische Haltung. Eine führende Stellung hat 1911 bis 1914 Eugen Prager in der Redaktion eingenommen. Georg Röder war zudem bis 1914 in der Schriftleitung beschäftigt. Positionierungen findet sich der Redakteur Paul Petzold nicht ein, obwohl er auch unter dem Eindruck der Oktoberrevolution sehr linke Positionen einnahm. Die Zeitung behält ihre zentralistischen Charakter auch nach der Revolution bei. Nach 1924 konnte sich das Unternehmen unter dem Geschäftsführer und Erfurter SPD-Vorsitzenden Willy Scholz ökonomisch konsolidieren, weshalb 1927/28 ein Umbau und neuen Anbauten erfolgten. Im Oktober 1920, mit dem Klärungsprozess innerhalb der USPD 1920 in Halle, traten Ortschaften zur KPD oder zur SPD über, wurde die Redaktion von Heinrich Mehrhof übernommen, der ein Gegner des Anschlusses an die 3.Internationale also an die KPD war. Die Übernahme erfolgte durch Ausnutzung der Eigentumsverhältnisse, den die Gruppe um Heinrich Mehrhof bemächtigte sich mit Hilfe der Firmenträger (Reißhaus war auch Sozialdemokrat der Ebertschen Linie) der Zeitung. Dieser Wandel bestimmte auch den Charakter des Blattes. Stand es vorher in ablehnender Haltung der Reichsverfassung gegenüber, und befürwortete den Rätegedanken, war nun eine Akzeptanz und Diktion für das parlamentarische System zu bemerken. Der Wandel bewirkte nicht alleine der Chefredakteur, sondern auch im besonderen die aufkommende Zusammenarbeit mit dem ADGB. Die Zeitung wollte zwar immer noch die Interessen der Arbeiter und werktätigen Bevölkerung vertreten. Das Interesse lag jetzt aber auch der Berücksichtigung der Lage von Angestellten und auch Beamten. Nach der Vereinigung von Rest-USPD und SPD vertrat die Redaktion konsequent die Positionen des thüringischen Bezirksvorstandes. Diesem gehörte auch Willy Scholz an, der nach 1924 das Unternehmen ökonomisch konsolidierte. Die „Tribüne" setzte sich für eine größere Unabhängigkeit der örtlichen und regionalen Organisationen und möglichst basisnahe Diskussionen aller wichtigen Parteithemen ein. Vertreter konträrer Absichten erhielten Platz in der Zeitung. Gegenüber der kommunistischen Partei herrschte ein tiefes Misstrauen vor, dass sich in antikommunistischen Beiträgen, die die Ablehnung aller revolutionären und radikalen Umsturzversuchen zum Inhalt hatten, äußerte. Diese Entwicklung ging jedoch erst mit dem Fall des Sozialistengesetzes (1890) voran. Die Pressefreiheit wurde erst 1874 im erlassenen Reichspressegesetz, drei Jahre nach der Reichsgründung, festgeschrieben. Immer noch waren aber repressive Sondergesetze möglich, die die sozialdemokratische Presse bis 1890 weitgehend unterdrückten. Obwohl es in Erfurt schon vor 1890 ein reichhaltiges Angebot an Druckschriften gab und die neunzehn in Erfurt ansässigen Verlage Bücher, besonders „Lehrbücher und theologische Literatur", und zehn Zeitungen und Zeitschriften, davon fünf Tageszeitungen publizierten, fällt auf das vor 1889 keine sozialdemokratische Zeitungen veröffentlicht wurden. Obwohl in Gotha 1875 die SAP (Sozialistische Arbeiter Partei) gegründet wurde, und auch dort seit 1878 die „Thüringische Volkzeitung" erschien, deren Redakteur Karl August Schulze sich auch für die im Leipzig erscheinende sozialdemokratische Zeitung „Der Wähler" verantwortlich zeichnete. Warum, fragen sich jetzt einige, das Sozialistengesetz wurde erst 1890 nicht mehr verlängert? Heerfurth war der Meinung, dass alleine ein Verbot von Organisationen mit sozialdemokratischen Bestrebungen nicht gerechtfertigt war, „sondern es müsste noch hinzukommen, dass solche Bestrebungen in einer den öffentlichen Frieden, insbesondere die Eintracht der Bevölkerungsklassen gefährdeten Weise zu Tage getreten sind." Sprich: sie müssten die herrschenden Verhältnisse in Erfurt gefährden. Sehr liberal für einen preußischen Innenminister. Es scheint, als hätte er auf kommunaler Ebene eine landesweite Entwicklung vorausgenommen. Auf diese Art und Weise legitimiert, traten im Sommer 1889 ein Gründungskomitee aus Paul Hermann Reisshaus, Dunker und Böhm sowie leitende Sozialdemokraten in Arnstadt, Gotha, Weimar und Apolda mit Schulze aus Leipzig zusammen, um dass schon seit langer Zeit geplante Projekt, einer örtlichen sozialdemokratischen Zeitung zu verwirklichen. Die neue Zeitung erschein erstmals am 1. September 1889 als „Thüringer Tribüne". Mit 400 Abonnenten gegründet fand sie in ganz Thüringen guten Absatz und belebte die sozialdemokratische Tätigkeit in besonderer Weise. Zunächst bildete die Zeitung ein Kopfblatt des Leipziger „Wählers", wo auch der Druck und die Hauptredaktion erfolgte. Aber schon binnen kurzem, im Januar 1890 wurde eine eigene Druckerei bei Paul Rosenthal errichtet, im Haus der Moritzwallstraße 20. Die Redaktion befand sich im Haus mit der Nummer 42. Der Chefredakteur blieb Schulze, als Ersatzredakteur wirkte der Sonneberger Sozialdemokrat Eduard Wehder. Die Herausgabe dreier Kopfblätter und einer Gratisbeilage kann die zentrale Stellung, die Erfurt in der thüringischen Sozialdemokratie am Ende des Sozialistengesetzes eingenommen hat, nicht besser verdeutlicht werden. Ausgerüstet mit einer eigenen Zeitung und auf der Grundlage einer über zahlreicher Fachvereine, Krankenkassen und Gewerkvereine gespannten Organisation mit dem am 25. Mai 1889 verbotenen, und am 8. November neugegründeten Wahlverein (in diesem auch Schulze in den Vorstand gewählt wurde) als Mittelpunkt, blickte die Sozialdemokratie optimistisch auf die Reichstagswahlen 1890. Nichts verdeutlicht besser, wie stark die sozialistische und sozialdemokratische Arbeiterschaft in Erfurt, Umgebung und Thüringen organisiert waren. In der Folgezeit wurde eine staatliche Anzahl von Zeitungen der Arbeiterpartei in Thüringen gegründet. Diese Anzahl ist nicht nur Merkmal des roten Brennpunktes Thüringen und der „stets wachen Initiative der Arbeiterbewegung", sondern auch Merkmal der starken Zersplitterung des Landes. Das Land Thüringen war geo-politisch stark zersplittert, es gab die vier Großherzogtümer und vier Fürstentümer. Es galt als die klassische Region politisch-staatlicher Zersplitterung. Nach der Revolution des Novembers 1918 dankten die Monarchen auch in Thüringen ab, und legten die Regierungsgeschäfte in die Hände zumeist sozialdemokratischer Parteien. Die Sozialdemokratie erstrebte eine unitarische Republik und die Aufhebung der Einzelstaaten. So wurde 1920 der Staat Thüringen gegründet, zwar nur in der kleinstaatlichen

Struktur, d.h. ohne Erfurt und des preußische Thüringen, ein einheitliches Politgebilde war jedoch geschaffen, in dem die Sozialdemokratie das Regierungsheft in der Hand hielt. Dem großen Einfluss der Partei ging natürlich eine Entwicklung voraus, die sich gut an der Entstehungsgeschichte der „Tribüne" veranschaulichen lässt. 1895, mit Abschluss der Gründungsperiode der Zeitung bestanden 13 sozialdemokratische Zeitungen in Thüringen, deren Verlage in festen Verbreitungsgebieten veröffentlichten. Diese Verbreitungsgebiete waren ganz wesentlich mit den Agitationsbezirken der einzelnen Wahlkreise abgestimmt und entwickelten sich zwischen 1891 bis 1896 auf den thüringischen Landesparteitagen. Erfurt war der größte Ortsverein in Thüringen, und da in den folgenden Jahren die Mitgliederzahl auch hier sprunghaft anstieg, vermehrte sich auch die Abonnentenzahl. Im Gegensatz zu einigen anderen Zeitungen konnten sie sich aber unabhängig von der Parteifinanzierung halten. 1894 übernahm die „Offene Handelsgesellschaft Reißhaus & Co." die Geschäftsleitung. „Das junge Unternehmen" expandierte sehr schnell. Redaktion und Druckerei zogen in die Gartenstraße 7 um. Nominelle Teilhaber des Unternehmens waren der sozialdemokratische Reichtagsabgeordnete Paul Reißhaus, der Verlagsgeschäftsführer Friedrich Stegemann, ein alter Erfurter Sozialdemokrat, und der Schneidermeister August Wacker, an dessen Stelle 1906 der Schneidermeister Heinrich Eckhardt trat. Die Redaktion hatte bis 1897 Gustav Hülle inne. Die folgenden Redakteure Heinrich Schulze (1897-1901), Max Grunewald (1901-1902), Bruno Sommer (1902-1904) und Paul Hennig (1904-1908) führten einen politischen Diskurs in der Zeitung ein, der auch ihrer zentralen Stellung in Thüringen gerecht wurde. Diese Redakteure konnten unterschiedlicher nicht sein. Schulze galt als Anhänger Bernsteins. Grunewald war Marxist und entschiedener Gegner Bernsteins. Nach einer Auseinandersetzung mit August Bebel verließ er Erfurt. Sommer, war vorher in der anarchistischen Bewegung tätig, verließ aber, nachdem er mit allen Mitgliedern des Parteivorstands Erfurt in Streit geraten war, auch die Stadt. Hennig war sozialdemokratischer Redakteur in Königsberg/Preußen gewesen. Bewerkenswertes sei an dieser Stelle noch erwähnt, das die Zeitung in dieser Zeit eine Strategie der „Sitzredaktion" führte. Das heißt, es gab zwei verschiedene Arten von Redakteuren, einmal diejenigen, die schrieben und diejenigen, die sich verantwortlich zeichneten. Die eben erwähnten Personen schreiben zumeist, für verantwortlich unterschrieben aber die übrigen Redaktionsarbeiter, wie Albert Rudolph, Hermann Pappe, Richard Levy, Max von Lojewski. Die Zeitung stand auch nach dem Fall des Sozialistengesetzes unter scharfer Beobachtung der preußischen Polizei und wurde mehr als andere Zeitungen Thüringens verfolgt. Im Jahrzehnt zwischen 1897 und 1907 mussten die Redakteure insgesamt 7 Jahre Gefängnisstrafen verbüßen. 1903 erfolgte eine „Vergrößerung der Druckereibetriebsräume", indem das Gebäude in der Kleinen Arche 1 angekauft wurde. Seit 1906 gehörten auch Wilhelm Dahl und Paul Petzold zur Redaktion der „Tribüne". Ab 1907 wechselten sie sich in der Verantwortung ab. Dahl stand dem rechten Flügel der SPD nahe, Petzold vertrat eine entschiedene sozialistische Haltung. Eine führende Stellung hat 1911 bis 1914 Eugen Prager in der Redaktion eingenommen. Georg Röder war zudem bis 1914 in der Schriftleitung beschäftigt. Mit dem Eintritt zum Krieg wurden die Unterschiede in der Sozialdemokratischen Partei immer deutlicher. Die Spaltung begann als Karl Liebknecht 1914 gegen die Kriegskredite im Reichstag stimmte. In Thüringen stellte sich zu erst nur das „Gothaer Volksblatt" hinter ihn. Aber der weitere Verlauf der deutschen Arbeiterbewegung, die im April 1917 in Gotha mit der Gründung der regierungsgegnerischen USPD, einen bedeuteten Hochpunkt erlebte, machte auch nicht vor der

Tribüne halt. Auf der Arnstädter Kreiskonferenz im Mai 1917 war infolge eines Rededuells zwischen Heinrich Schulze (inzwischen Parteivorstand der Sozialdemokraten) und Petzold von der Tribüne eine Spaltung eingetreten. Die Konferenz entschied sich für einen Anschluß an die USPD. Ihre Spalten blieben jedoch auch immer noch den Sozialdemokraten Ebertscher Richtung offen. In Thüringen bildete sie mit dem „Generalanzeiger" in Gotha die einzigste revolutionäre Presse, die bewusst auf die Revolution hinarbeitete, in dem sie unter anderem zu Massenaktionen aufriefen. Aus diesem Grund wurde sie wiederholt unter Vorzensur gestellt und zwischen dem 2. bis 15. Oktober sogar verboten, da sie das verbotene „Friedensmanifest der Unabhängigen Sozialdemokratie Deutschlands" abgedruckt hatte. Die Zeitung organisierte die Bildung von Arbeitern- und Soldaten- bzw. Bauernräten mit. Nach der Wahlniederlage im Januar 1919 der USPD wird eine gewisse Ernüchterung gegenüber bisherigen Auffassungen bemerkbar. Aus welchen Gründen auch immer, zu eindeutigen revolutionären Positionierungen findet sich der Redakteur Paul Petzold nicht ein, obwohl er auch unter dem Eindruck der Oktoberrevolution sehr linke Positionen einnahm. Die Zeitung behält ihre zentralistischen Charakter auch nach der Revolution bei. Nach 1924 konnte sich das Unternehmen unter dem Geschäftsführer und Erfurter SPD-Vorsitzenden Willy Scholz ökonomisch konsolidieren, weshalb 1927/28 ein Umbau und neuen Anbauten (siehe Bild in der Sonderausgabe 42 von 1929)erfolgten. Im Oktober 1920, mit dem Klärungsprozess innerhalb der USPD 1920 in Halle, traten Ortschaften zur KPD oder zur SPD über, wurde die Redaktion von Heinrich Mehrhof übernommen, der ein Gegner des Anschlusses an die 3.Internationale also an die KPD war. Die Übernahme erfolgte durch Ausnutzung der Eigentumsverhältnisse, den die Gruppe um Heinrich Mehrhof bemächtigte sich mit Hilfe der Firmenträger (Reißhaus war auch Sozialdemokrat der Ebertschen Linie) der Zeitung. Dieser Wandel bestimmte auch den Charakter des Blattes. Stand es vorher in ablehnender Haltung der Reichsverfassung gegenüber, und befürwortete den Rätegedanken, war nun eine Akzeptanz und Diktion für das parlamentarische System zu bemerken. Der Wandel bewirkte nicht alleine der Chefredakteur, sondern auch im besonderen die aufkommende Zusammenarbeit mit dem ADGB. Die Zeitung wollte zwar immer noch die Interessen der Arbeiter und werktätigen Bevölkerung vertreten. Das Interesse lag jetzt aber auch der Berücksichtigung der Lage von Angestellten und auch Beamten. Nach der Vereinigung von Rest-USPD und SPD vertrat die Redaktion konsequent die Positionen des thüringischen Bezirksvorstandes. Diesem gehörte auch Willy Scholz an, der nach 1924 das Unternehmen ökonomisch konsolidierte. Die „Tribüne" setzte sich für eine größere Unabhängigkeit der örtlichen und regionalen Organisationen und möglichst basisnahe Diskussionen aller wichtigen Parteithemen ein. Vertreter konträrer Absichten erhielten Platz in der Zeitung. Gegenüber der kommunistischen Partei herrschte ein tiefes Misstrauen vor, dass sich in antikommunistischen Beiträgen, die die Ablehnung aller revolutionären und radikalen Umsturzversuchen zum Inhalt hatten, äußerte. Seit 1924 hatte sich aber nicht nur das inhaltliche Profil der Zeitung geändert, sondern auch allmählich das typografische. 1930 erhielt die Zeitung ein neues Layout, das vor allem mit dem Spaltenumbruch brach und sich auf Schlagzeilen, Kästen, Balken und weiteren grafischen Elementen orientierte. Da im Jahr 1930 die ersten faschistischen Minister eingestellt wurden, beschäftigte sich die Zeitung eingehend mit der faschistischen Bewegung und ihrer sozialen Herkunft. Im Faschismus erblickte sie eine Gefahr für die Republik sowie die organisierte Arbeiterbewegung. Aufklärung über die wahren Ziele des Faschismus und verstärkter Wahlkampf wurde als

Gegenmittel angesehen. Dabei setzte sie Stalinismus und Nationalsozialismus zeitweise gleich und erschwerte so einen Dialog mit der KPD über gemeinsame Aktionen. Erst Anfang 1933 plädierten die Redakteure Richard Seidel und Martin Bräuer für einen proletarischen Nichtangriffspakt und gemeinsame Aktionen. Die sozialdemokratische Presse wurde am 27. Februar in Erfurt, und am 6. März in Thüringen verboten. In der Folge des Verbotes besetzte die SA Redaktionen und Verlage, und ihrer Zerstörungswut bannte sich, wie in Arnstadt auch durch Brand seinen Weg. Am 12.Mai 1933 wurde das gesamte Eigentum der SPD, darunter das Gebäude der Parteizeitung „Tribüne" beschlagnahmt und am 22.Juni der Sozialdemokratischen Partei Deutschlands jede politische Arbeit untersagt. Es gab jedoch Versuche eine unpolitische Zeitung zu veröffentlichen, die aber scheiterten. Auch versuchte die Geschäftsleitung den Betrieb vor der drohenden Enteignung zu retten. Im Glauben an die parlamentarische Demokratie gab es keine Vorstellungen wie auf das aggressive Verhalten des NSDAPler reagiert werden soll. Es wurde zwar nicht reaktionslos aber kampflos die Fahnen des Sozialismus in Erfurt gestreckt. Die Offene Handelsgesellschaft Reißhaus und Co. wurde im Sommer/Herbst 1933 entsprechend faschistischer Gesetzgebung durch die preußischen Behörden enteignet.

Station 17: Das Polizeipräsidium und die Gestapo in Erfurt

Im April 1933 wurde in Erfurt eines der ersten Konzentrationslager eingerichtet. Es befand sich in der Feldstraße 18, in einem leerstehenden Fabrikgebäude, direkt in einem Wohnviertel. Insgesamt waren hier über 100 Menschen, überwiegend Kommunisten, aber auch Sozialdemokraten und Gewerkschafter unterschiedlich lang inhaftiert. Die Phase der sog. wilden KZs, die es im ganzen Reich flächendeckend gab, wird an dieser Station beispielhaft beleuchtet. Im Gegensatz zu den großen Vernichtungslager ging es in der Frühphase des Nationalsozialismus noch nicht um die systematische Ermordung von Menschen, sondern um die Einschüchterung und Zerschlagung der politischen Opposition. Wesentliche Elemente waren willkürliche Verhaftungen, die keiner rechtlichen Grundlage bedurften, Verhöre und Folterungen von Gefangenen, die über ihre Situation bewußt im unklaren gelassen wurden. Spätesten 1934 wurden diese Lager mit Ausnahme des KZ Dachau wieder geschlossen.Diese Station thematisiert die brutale Ausschaltung der politischen Opposition in den ersten Monaten nach der Machterlangung. Betont wird vor allem die besondere Rolle der 1933 eingeführten und mit Schußwaffen ausgerüsteten Hilfspolizei, die sich im wesentlichen aus Mitgliedern der SA, der SS, des THW, der Feuerwehr und des Stahlhelm rekrutierte. Auch die 'wilden KZs' der Anfangszeit kommen an dieser Stelle zur Sprache. In der Meister-Eckard-Str. 2 – damals Kasinostr. – befand sich das Polizeipräsidium. Betrachten wir die Rolle der Polizei bei der Durchsetzung nationalsozialistischer Macht – also den Zeitraum 1933/34. Jegliche Art von Opposition sollte schnell zum Schweigen gebracht werden: Weggesperrt, Getötet oder eingeschüchtert. Dazu wurde die Polizei Im März 1933 umstrukturiert (unter Leitung von Reichskommissar Hermann Göring und den

Gauleitern.) Die erste Zeit ist gekennzeichnet durch allerlei Sonderbefugnisse. So wurde eine Hilfspolizei geschaffen aus SA, SS und Stahlhelmen. Diese konnten relativ uneingeschränkt agieren. Zusätzlich wurde die Schutzhaft eingeführt. Schutzhaft bedeutet, dass Menschen auf Verdacht hin eingesperrt werden ohne dass dieser Nachgewiesen werden muss. Die Schutzhaft konnte auf unbefristete Zeit verhangen werden. Rechtsmittel konnten keine dagegen eingelegt werden. Grundlage dafür war die „Verordnung zum Schutz von Volk und Staat" vom 28.2.33.

In ihr heißt es: *Auf Grund des Artikels 48 Abs. 2 der Reichsverfassung wird zur Abwehr kommunistischer staatsgefährdender Gewaltakte folgendes verordnet(...)Es sind daher Beschränkungen der persönlichen Freiheit, des Rechts der freien Meinungsäußerung, einschließlich der Pressefreiheit, des Vereins- und Versammlungsrechts, Eingriffe in das Brief-, Post-, Telegraphen- und Fernsprechgeheimnis, Anordnungen von Haussuchungen und von Beschlagnahmen sowie Beschränkungen des Eigentums auch außerhalb der sonst hierfür bestimmten gesetzlichen Grenzen zulässig.*

Um die Opposition tatsächlich auszuschalten bedurfte es nicht nur des großen rechtlichen und repressiven Handlungsspielraums sondern auch der Mithilfe großer Teile der Bevölkerung. Sei es durch Denunziation oder eben durch aktive Mitarbeit bei der Hilfspolizei. Vorteilhaft für die Ausschaltung der Opposition war sicherlich, dass viele Gegner/innen schon bekannt waren: Auseinandersetzungen zwischen Antifaschist/inn/en oder Kommunist/inn/en und Rechs-konservativen wie der SA gab es schon während der Weimarer Republik. Die Hilfspolizei agierte willkürlich und brutal. Es kam zu zahlreichen Verhaftungen und auch Schlägerein. Im Februar wurden 2 Antifaschisten von SA-Männern auf der Straße erschossen. Im März 33 waren im

Regierungsbezirk Erfurt schon 315 Antifaschist/innen verhaftet. Fast die gesamte Leitung des KPD-Unterbezirks Erfurt war festgenommen unter ihnen der Vorsitzende Hermann Jahn sowie der Direktor des Thüringer Volksblattes, der KPD-Zeitung. Ende Juni 1933 waren es schon mehr als doppelt so viele. Häufiger Verhaftungsgrund war die Verbreitung, der Besitz oder die Herstellung illegaler Schriften war ein häufiger Verhaftungsgrund. So wurden schon am 30.1.33 – am Tag der Machtübernahme Hitlers - 9 KPD-Mitglieder verhaftet, die Flugblätter verteilten, die zur Bildung einer antifaschistischen Einheitsfront aufriefen. Im Juli 1933 wurden 18 Antifaschist/inn/en, die das in der Illegalität seit dem 18.3.33 unregelmäßig erscheinende Thüringer Volksblatt herstellten, verhaftet. Das Auftreten von SA und SS führte in Erfurt sogar zu Problemen mit ausländischen Missionen. Die mit Gummiknüppeln und Pistolen ausgerüstete Hilfspolizei verprügelten nicht nur Linke sondern auch ausländische Personen. Aufgrund von Beschwerden ausländischer Missionen, wurde die Hilfspolizei aufgefordert dies zu unterlassen. Anfang August befanden sich reichsweit ca. 30.000 Menschen in Schutzhaft. Die Menschen, die in Schutzhaft genommen worden, kamen zunächst in Zellen hier im Polizeipräsidium oder auf dem Petersberg im Polizeigefängnis. Bald jedoch reichten diese nicht mehr aus – so dass im April 1933 in Erfurt eines der ersten Konzentrationslager eingerichtet wurde. Dieses befand sich in der Feldstraße 18, in einem leerstehenden Fabrikgebäude. Dieses befand sich direkt in einem Wohnviertel. Die nebenstehenden Häuser waren bewohnt. Selbst am Fabrikgebäude befand sich noch ein Wohnhaus mit der Nummer 18 e. In jenem KZ befanden sich ca. 100 Gefangene - vor allem Kommunist/inn/en. Wöchentlich zweimal wurde ein Teil der Gefangen von der SA zum Verhör gebracht. Berichten zufolge wurden sie dort regelmäßig gefoltert. Dazu genutzt wurde häufig ein Grundstück im

Steigerwald. Zu Tode gefoltert wurde dort z.B. der Erfurter Ladenbesitzer Walter Schapiro, der Materialien für die Herstellung der auch in der Illegalität zunächst weitererscheinenden Thüringer Volkszeitung der KPD lieferte. Das KZ unterstand der Polizeidirektion Erfurt, so dass der Polizeipräsident – Walter von Fichte, seit 1933 Polizeipräsident und gleichzeitig SA-Obergruppenführer, die Morde angeordnet oder zumindest geduldet haben muss. Die KPD schrieb in einem im September erschienen Flugblatt dazu folgendes: „In Erfurt wurden die drei Genossen Josef Ries, Heinz Sendhoff und Waldemar Schapiro von den Nazis im Auftrag des Polizeipräsidenten Werner von Fichte ermordet. Die Begleitumstände sind so grausiger Art, dass einem das Blut in den Adern stockt beim Anhören der Einzelheiten. Am 28. Juni wurde Genosse Ries, der seit April sich in Schutzhaft befand, zusammen mit noch vier Genossen der SA zum Verhör übergeben. Auf dem Gelände des Polizeihundevereins im Blumenthal wurden alle 5 Genossen aufs grausamste misshandelt. Die Schreie der gemarterten konnten weit im Umkreis gehört werden. Nachdem Genosse Ries bereits bewusstlos zusammengebrochen war, wurde er mit zwei Schüssen vollends getötet. Diese Schreckenstat war aber nur die Einleitung zu massenhaften Folterungen an wehrlosen Gefangenen Wöchentlichzweimal, mittwochs und sonnabends, wurden aus dm Lager in der Feldstraße und vom Petersberg eine Anzahl Genossen zum SA-Verhör geführt. Anfang Juli fielen dann als weitere Opfer faschistischer Mörder die Genossen Heinz Sendhoff und Waldemar Schapiro. Genosse Sendhoff wurde in einem Garten am Steiger (zwischen Hubertus und Waldschlößchen) zu Tode geprügelt. Seine Leiche wies keine Schutzverletzungen auf. Noch toller benahmen sich die SA-Mordgesellen gegenüber dem Genossen Schapiro. Er wurde im selben Gartengrundstück ermordet. Nach ihrer Mordtat ließen die Mörder ihre Opfer einfach liegen. Von Spaziergängern wurden sie dann gefunden und in der Leichenhalle abgegeben. Insgesamt wurden bis jetzt 40 bis 50 Gefangene gefoltert (auch Frauen). Einige von ihnen wurden zu Krüppeln geschlagen". Viel herausfinden konnte ich nicht über die Organisierung der Gefangenen in der Feldstraße. Ein Kommunikationssystem zwischen einigen Gefangenen muss es jedoch gegeben haben. So ist bekannt, dass sie am 1. Mai, den die Faschisten zum „nationalen Tag der Arbeit" erklärt hatten, einen Hungerstreik begannen. Über die konkreten Forderungen oder die Reaktion der Bewacher der SA konnte ich nichts herausfinden. Bald genügte auch dieses Lager nicht mehr und Schutzhäftlinge aus Thüringen wurden auch in andere Lager in Deutschland gebracht, u.a. nach Sonneberg, nach Lichtenburg im Bezirk Merseburg, nach Papenburg bei Osnabrück und nach Brandenburg an der Havel und in Moringen im Kreis Northeim. Die Zahl der Schutzhäftlinge stieg immer noch rasant. Befanden sich im Juli mindestens 30 Menschen in KZ' s außerhalb Erfurt, waren es im August waren es 4x so viele. Diese sog. „wilden KZ" entstanden 1933 in vielen Städten Deutschlands. Sie waren relativ provisorisch, da sie sehr kurzfristig eingerichtet wurden. Es entstanden 59 frühe Lager und einige KZ-ähnliche Einrichtungen. Im Aufbau und Struktur waren sie unterschiedlich. Die Gefangenen wurden meist von Polizei und SA überwacht. Der Widerstand war 1934 quasi zerschlagen. Strukturen, die für die Zerschlagung des Widerstandes geschaffen wurden waren, wurden dann geändert. Die Hilfspolizei wurde schon nach wenigen Monaten wieder aufgelöst. Auch für die Verhängung der Schutzhaft wurden 1934 einheitliche Kriterien aufgestellt. Die ersten sog. wilden KZ' s wurden alle – bis auf Dachau – wider aufgelöst. Ab dann unterstanden alle der SS. Später fanden Verhaftungen und Deportationen von Menschen aus rassistischer oder sozialdarwinistischer Sicht viel koordinierter statt.

Station 18: Der Weltdienst

Der „Weltdienst", dessen korrekter Titel „Weltdienst –
Internationale Korrespondenz zur Aufklärung über die
Judenfrage" war, wertete „'eine große Zahl jüdischer Zeitungen
und Zeitschriften aus der ganzen Welt'" aus und korrespondierte
„'mit einer großen Anzahl antisemitisch gesinnter
Persönlichkeiten in vielen Staaten'". Der
Zeitungsausschnittdienst erschien erst in acht Sprachen, nach
dem Kriegsbeginn in 16 europäischen Sprachen und setzte vor
allen dingen Fetzen aus der ausgewerteten Presse im Sinne des
Antisemitismus wieder zusammen. Seine Auflage war sehr hoch
und er aber kostenlos zu erhalten. Auch Nachdruck war, gegen
drei Belegstücke gestatt und erwünscht. Für fortgeschrittene
Antisemiten lieferte er auch „'Informationen zur Judenfrage'",
also „'ausgewählte Mitteilungen aus der jiddischen und
hebräischen Presse'", die nicht für den antisemitischen Anfänger
bestimmt waren. „Bei der Hetze gegen die Juden tat sich
besonders der vom ehemaligen Oberstleutnant der kaiserlichen
Armee Ulrich Fleischhauer geleitete U. Bodung-Verlag hervor,
der sich im Haus Gartenstrasse 38 befand. Fleischhauer hatte
sich in der Weimarer Republik als Geschäftsführer des
Landesverbandes Thüringen der Deutschnationalen Volkspartei
so wie als Redner bei Veranstaltungen des Stahlhelms und des
Alldeutschen Verbandes betätigt. Von 1924, als der Sitz des
Verlages von Perleberg nach Erfurt verlegt worden war, bis zum
Jahr 1944 erschienen im U. Bodung-Verlag 27 antisemitische
Bücher und Broschüren. Fleischhauer gab auch seit 1933 die
Halbmonatsschrift „Weltdienst" heraus, die, ähnlich wie der von
den Nazis publizierte „Stürmer", die jüdischen Bürger in der
gemeinsten Weise verleumdete und Lügen über eine angeblich
bevorstehende „jüdisch-kommunistische Weltrevolution"
verbreitete. Seit 1934 fanden alljährlich in Erfurt von
Fleischhauer organisierte sogenannte Weltdienst-Kongresse
statt, auf denen Vertreter antisemitischer Organisationen aus
vielen Staaten Europas und aus Amerikas Vorträge hielten." Die

Partei leistete die politische Arbeit um die „Lösung der Judenfrage“ im Sinne der Entwicklungen nach dem Pogrom am 9. November 1938 voranzutreiben. Hierbei war die Gründung des „Institutes zur Erforschung der Judenfrage“ für sie unerlässlich, die sie nur wenige Tage nach dem Pogrom beschloss. Zwar hatte Goebbels schon 1934 in Berlin sein „Institut zum Studium der Judenfrage“ in Berlin errichtet, doch Alfred Rosenberg machte Frankfurt zum Zentrum. Der Parteiideologe und Reichsleiter der NSDAP, Rosenberg, war seit 1934 „Beauftragter des Führers für die Überwachung der gesamten geistigen und weltanschaulichen Schulung und Erziehung der NSDAP“. In Frankfurt gründete er im November 1938 das besagte Institut. Wahrscheinlich im Jahr 1937 hat Rosenberg den „Weltdienst“ von Fleischhauer übernommen, und die Leitung einem seiner Mitarbeiter Herr Schirmer übertragen. Dieser war gleichzeitig Reichshauptstellenleiter der „Hauptstelle Juden und Freimaurerfrage“ in Erfurt. Inwieweit diese zwei Organisationen zusammenhingen, ist bis jetzt nicht klar. Im Sommer 1939 wurde auch der „Weltdienst“ in den Rang eines Institutes erhoben, er war nun das „Institut zur Aufklärung über die Judenfrage“ und zog nach Frankfurt in die Schwindstraße 1, welches vorher vom „Institutes zur Erforschung der Judenfrage“ genutzt worden war, um. Seit Anfang der zwanziger Jahre traf sich eine ‚Internationale der Antisemiten“, die sich als Reaktion auf die „kommunistische Internationale“ und den vermeintlichen „jüdischen Internationalismus“ gebildete hatte, fast jährlich auf konspirativen Kongressen um ihre judenfeindliche Agitation zu koordinieren. Ein wichtiges Thema bei diesen Kongressen war die „Exterritorialisierung“ der Juden, z.B. in Madagaskar. Dieses Thema wurde bereits seit 1885 in der Antisemiten-Szene diskutiert, gewann aber erst nach dem Ersten Weltkrieg an Bedeutung. Der eigentliche Propagandist der Idee, der Brite Henry Hamilton Beamish trug seine Vorstellung auf dem antijüdischen Kongress im September 1937 in Erfurt vor. Er stellte sich eine „’compulsory segregation’ aller Juden auf der französischen Kolonialinsel" vor. Mit dieser Ansicht gingen auch Mitglieder der Internationale wie Alfred Rosenberg, und der spätere rumänische Staatspräsident Alexander Cuza, konform, entsprach dieser Forderung schließlich ihrer Auffassungen eines „Vollzionismus" und „Pan-Arianismus". Nur einer hatte ein Problem mit diesem Vorschlag, der französische Antisemit Jean Boissel. Der ehemalige Frontkämpfer stellte seinen Nationalismus höher als die rassistische Mission innerhalb der Internationalen. Er forderte stattdessen die Juden in Australien zu exterritorialisieren, da es größer sei und weiter entfernt läge. Trotz seines pathologischen Rassenhasses lehnte er es ab die Judenfrage mit Hilfe der französischen Kolonialterritorien zu lösen, wie seine Freunde Julius Streicher und Alfred Rosenberg war er ein vernarrter Ideologe. 1935 hatte er auf Einladung Streichers in Nürnberg vor zehntausenden Hörern gefordert, die ‚jüdischen Geier (...) mit ausgebreiteten Flügeln und Dolch im Herzen an die Wand [zu] nageln'. In Frankreich spielte Boissel vor Kriegsbeginn keine politische Rolle. In den dreißiger Jahren versuchte er sich mit geringem Erfolg als antisemitischer Publizist, nach der französischen Niederlage 1940 kollaborierte er mit den deutschen Besatzungsbehörden seiner neuen „Front Franc" und der „anti-bolschewistischen Legion". Vom Erfurter „Weltdienst" wurde er als „’zuverlässigste' französischer Mitarbeiter eingeschätzt", obwohl dieser einräumen musste, „dass ‚nicht immer alle Nachrichten absolut einwandfrei dokumentiert waren'". Das Vertrauen des Weltdienst-Leiters ging soweit, dass Boissel die französische Abteilung in Frankfurt a.M. leiten sollte. Dieses im Jahr 1942 erfolgte und in erster Linie zur Stützung seines Lebensunterhaltes gedachte Angebot, lehnte er ab.

Station 19: Herderstr. 17 (Nähe Straßenbahnhaltestelle Puschkinstrasse)

Dr. jur. Max Rudnicki wurde 1887 in der Johannesstr. 157 in Erfurt geboren. Er wurde ab 1926 Notar im Bezirk des Oberlandesgerichts Naumburg. Er war persönlich haftender Gesellschafter der Erfurter Samenzuchtfirma Adler& Co. Und hatte seine Anwaltspraxis in der Schlösserstr. 8. im Jahr 1930 erfolgte ein Umzug von der Bismarckstr. in die Herderstrasse. Sein Vater war Jakob Rudnicki, der mit Siegfried Jakobi als eingetragene Kaufmänner des „Kaufhauses Germania" leiteten. Schon früh erfolgten zunehmend antisemitische Anfeindungen, auch wegen Freundschaft zu Dr. Kunze. 1933 war er gezwungen, sein Büro zu schliessen. Im Jahr 1939 erfolgte ein Verkauf der Herderstr. 17 und es folgte die Emigration nach England mit seiner Familie. Später zog er als Witwer zu seiner Tochter nach Frankreich. Im Jahr 1962 erging ein Brief an ehemaligen Direktor der Erfurter Filiale der „Dresdner Bank" Lothar Gittermann in Trier: *„Ich erfahre durch Zeitungen täglich über die deutsche Kultur, in der ich aufgewachsen bin, die es mir aber schwer, vielleicht sogar unmöglich macht, mich woanders wie früher heimisch zu fühlen...Der alte Mensch, der entwurzelt wird, kann selten an anderer Erde Wurzeln fassen... Nach dem Entsetzlichen, das ich unschuldig in der mir so lieben Heimat erlebt hatte, waren wir plötzlich frei von Verfolgungen und Mißachtung"*. Da Rudnickis Mutter nach Theresienstadt deportiert worden war und dort verstorben war, konnte er keinen Frieden mit Deutschland machen. Das Haus in der Herderstr. 17 wurde nach 1939 belegt von der NSDAP, der SA Standarte J6, der SA Brigade 42 und NSDAP Reiterstandarte 42. Im Jahr 1990 erhielten die Erben die Villa zurück, nicht aber die enteignete wertvolle Kunstsammlung.

Station 20: Mitteldeutsche Kampfbahn / Steigerwald-stadion

Das Stadion

Wir befinden uns hier vor der ehemaligen "Mitteldeutschen Kampfbahn", dem heutigen Steigerwaldstadion. Diese Anlage wurde in den Jahren von 1927 bis1931 als moderner Funktionsbau geplant und ausgeführt. Gefördert wurde der Bau durch Beihilfen des Preußischen Staates mit dem Ziel, die Arbeitslosenquote zu senken. Am 17.05.1931 erfolgte die feierliche Einweihung des neuen Stadions. Der parteilose Oberbürgermeister Dr. Bruno Mann betonte in seiner Festrede vor allem die technischen Leistungen bei Planung und Ausführung der Arbeiten. 15.000 Erfurterinnen und Erfurter nahmen das neue Stadion in Besitz, rund 5000 Sportlerinnen und Sportler aus fast allen Vereinen der Stadt beteiligten sich am Eröffnungsprogramm. Am Nachmittag war sogar das wohl weltbeste Fußballteam der 1930er Jahre, nämlich die Nationalmannschaft Österreichs, zu Gast, um gegen die Bezirksmannschaft Erfurt zu spielen

Politische Nutzung

Genutzt wurde das Stadion für große Sportveranstaltungen. Der Umgang mit der Frage, ob und wie die "Mitteldeutsche Kampfbahn" auch für politische Großveranstaltungen genutzt werden darf, spiegelt die politischen Verhältnisse zu Beginn der 1930er Jahr wider, zeigt aber auch die steigende Bedeutung der NSDAP und ihrem Führer Adolf Hitler in der politischen Landschaft der Stadt. In Erfurt waren die Nationalsozialisten bis zu Beginn der 1930er Jahre relativ schwach. Trotz eines ersten Achtungserfolges bei der Reichstagswahl von 1930 von 17% zählte die NSDAP im September 1930 in Erfurt gerade einmal 150 Mitglieder, und damit in etwas soviel wie in der Kleinstadt Apolda. Politische Veranstaltungen im Erfurter Stadion waren durch die sozialdemokratische Regierung in Preußen verboten worden, als der Magistrat der Stadt das Stadion 1931 für eine große Stahlhelmveranstaltung zur Verfügung stellen wollte, drohte man sogar mit der Rückforderung der Zuschüsse für den Bau. Zudem galt für das gesamte preußische Territorium, und damit auch für Erfurt, ein Redeverbot für Hitler und andere Nazigrößen. Nachdem die sozialdemokratische Regierung unter Otto Braun durch den sog. Preußenschlag am 20.07.1932 auf Grundlage des Art. 48 der Reichsverfassung durch den Reichspräsidenten Hindenburg für abgesetzt erklärt wurde, konnte Hitler auch in Erfurt sprechen. Trotz massiver Störversuche seitens der organisierten Arbeiterbewegung macht Hitler im Rahmen seines Deutschlandfluges am 26. Juli 1932 in Erfurt Station. Die ehemalige Splitterpartei war mittlerweile zu einer festen Größe im politischen Gefüge geworden, denn seiner Rede lauschten über 60.000 Menschen hier in der Mitteldeutschen Kampfbahn. Die bürgerliche Presse, die sich zuvor noch von der NS-Bewegung abgegrenzt hatte, berichtete wohlwollend und bei der fünf Tage später stattfindenden Wahl zum Reichspräsidenten erhielt Hitler in Erfurt trotz eines von vielen bürgerlichern Prominenten der Stadt getragenen Wahlaufrufes für Hindenburg und im Gegensatz zum reichsweiten Ausgang die relative Mehrheit.

Hitlers zweiter Besuch in Erfurt: Der 18. Juni 1933

Kam Hitler bei seinem ersten Besuch in Erfurt im Sommer 1932 noch als radikaler Oppositionsführer, ließ er sich knapp ein Jahr später als Staatsmann inszenieren. Am 17./18. Juni wurde in Weimar der Gautag der NSDAP abgehalten. Die Gelegenheit, den Führer in unmittelbarer Nähe zu haben, wollte sich die Stadt Erfurt nicht entgehen lassen. Bereits Ende März hatte die Stadtverordnetenversammlung beschlossen, Hitler zum Ehrenbürger zu ernennen. Insgesamt waren rund 250.000 Menschen in der Stadt, die dabei sein wollten, wenn der Führer kommt, die Reichsbahn setzte insgesamt 180 Sonderzüge aus der Region ein, um den Ansturm bewältigen zu können. Die enorme Begeisterung wurde auch in der Presseberichterstattung des nächsten Tages betont: Eine ganze Nacht dröhnen die Schienenstränge. Sonderzug auf Sonderzug fährt gen Erfurt. Eine ganze Nacht rattern auf allen Landstraßen die Lastzüge nach Erfurt. Und eher der Tag im Osten heraufzieht, wird ein Heer von Braunhemden aufmarschiert sein, ein Heer von Fahnen und Standarten grüßt den Morgen, den deutschen Tag. Die Thüringer Armee der nationalsozialistischen Revolution ist angetreten. Zehntausende jener unbekannten Soldaten Adolf Hitlers, die in irgendeinem unbekannten Dorf oder im Asphaltwinkel einer Stadt still und treu ihre eiserne Pflicht erfüllen. Heute sind sie nun zusammengestellt, ein riesiger Block, eine gewaltige zusammengefasste Kraft, jener Fels der Bewegung, in dessen treue Hände einmal die Fahne gegeben wurde. Der Ablauf des Besuches war minutiös geplant und zeigt den inszenatorischen Charakter. Zusammen mit dem Thüringer Gauleiter Sauckel, dem Reichsinnenminister Frick und dem ungarischen Ministerpräsidenten Gömbös landete Hitler per Flugzeug auf dem Flughafen am Roten Berg. Von hier aus fuhr man im offenen Wagen in die Stadt. Im Rathaus trug Hitler sich zunächst in das goldene Buch der Stadt ein. Danach folgte eine vierstündigen Parade auf dem Domplatz, bevor der Führer hier in der mitteldeutschen Kampfbahn eine Rede vor 120.000 Zuhörerinnen und Zuhörern hielt und wieder entschwebte.

Station 21: die Firma Topf und Söhne

Die Firma Topf & Söhne lieferte seit 1939 neu entwickelte Krematoriumsöfen an mehrere Konzentrations- und Vernichtungslager, die der Beseitigung der massenhaft anfallenden Leichname dienten. Hergestellt wurden auch die Entlüftungstechnik für Gaskammern. Obwohl die Verträge mit der SS nur rund 3% des Geschäftsvolumens ausmachten, erhoffte man sich von diesen Aufträgen eine Rettung aus der finanziell schwierigen Lage. Mit der Zurverfügungstellung ihrer weltweit führenden Technologie lieferte die Firma damit einen wichtigen Beitrag zur planmäßigen und industriellen Tötung von Millionen von Menschen. Die Tradition der Konzentrationslager gab es schon etwas länger, in Deutschland wurden seit 1933 immer wieder „wilde KZ" eingerichtet. Konzentrationslager im modernen Sinn wurden erstmals um 1895 im revolutionären Kuba errichtet, wo die spanische Kolonialmacht etwa 400 000 Bauern in befestigten Lagern internierte, und um die Jahrhundertwende im Zuge des Burenkrieges von 1899 bis 1902 als Massenlager für Gefangene der Briten. Sie dienten anfänglich der Umerziehung von politischen Gegnern und hatten eher den Charakter von Internierungslagern. Es musste auch schon zu dieser Zeit Zwangsarbeit verrichtet werden, bei der genauso wenig Rücksicht geübt wurde, wie die späteren Beispiele zeigen. Es waren politische Gefangene, deren Arbeitskraft für das System erzwungen wurde. Eines dieser wilden KZ existierte auch in Erfurt, in der Feldstr.18. Die Behandlung der Gefangenen durch die Hilfspolizei und SA verursachte schon frühzeitig Aufmerksamkeit. 1933 befand man sich noch in einer parlamentarischen Demokratie, in der die Menschenrechte nicht nur hervorgehoben wurden, sogar verfassungsrechtlich zugesichert wurden. Deshalb gab es vor allen Dingen in der Presse Artikel zu den brutalen Überfällen der SA und Hilfspolizei, und auch die internationale

Öffentlichkeit protestierte. Um die Situation zu entschärfen gab die SA Broschüren heraus, in der die Bedeutung der Lager erklärt wurden, zur Umerziehung, als Kurmaßnahme, als Beweis wurde an dieser Stelle das Gewicht des Gefangenen vor und nach dem Antritt erwähnt. Im weiteren fanden geführte Besuche mit ausländischen Journalisten und politischen Freunden statt. Nach dem Röhm-Putsch 1934, der die SA als Politische Polizei weitestgehend absetzte, wurde auch das System der politischen Internierungslager verändert, die SS übernahm die Leitung. In Bayern war schon 1933 in Dachau das erste KZ entstanden, aber dort war auch Himmler Chef der Politischen Polizei. Bis 1936 hatte Himmler dann auch die polizeilichen Kräfte in ganz Deutschland unter sich konzentriert und begann mit seiner am 04. März 1933 ausgesprochenen Drohung „Ich habe nicht Gerechtigkeit zu üben, sondern zu vernichten und auszurotten!". In Sachsenhausen entstand im Juli 1936 das zweite KZ, 1937 in Buchenwald, im Mai 1938 in Flossenburg und nach dem „Anschluss": 1938 in Mauthausen bei Linz in Österreich. Wie schon erwähnt, wurde entschieden, die wilden KZs zu schließen, den zu dieser Zeit hatte sich eine sehr hohe Sterblichkeitsrate feststellen lassen, durch die administrativen Anforderungen enorm wurden. Die Leichen mussten in das nächst gelegene städtische Krematorium gebracht werden, wo eine große Anzahl an Papieren auszufüllen war, natürlich mit Todesursache, danach wurden sie dort verbrannt. Alles in allem nicht nur eine sehr zeitaufwendige Prozedur, verursachte sie auch einiges an Öffentlichkeit. Bei der Beseitigung von politischen Gegnern war das aber schon immer unpassend gewesen. Also wurde ab 1937 eine Einäscherung in den Lagern erwogen. Dazu war der Bau eines jeweils eigenen Krematoriums notwendig. Die Räume stellten in diesem Sinne keine Hürde dar, falls keine angemessenen vorhanden waren, konnten von SS-Architekten entsprechende entworfen werden. Auf Personal mit dieser Ausbildung konnte ohne weiteres zurückgegriffen werden. Für die technische Einrichtung mussten jedoch Spezialisten gewonnen werden. So wurden für das KZ Dachau im Mai 1937 Angebote eingeholt. Zuerst bei einer ortsansässigen Firma Müller aus Allach, die konnte sich jedoch nicht durchsetzen. Dann erhielt die Lagerleitung auch von den Firmen Heinrich Kori aus Berlin und Topf & Söhne aus Erfurt Vorschläge. Warum ausgerechnet die Firmen ausgewählt wurden, ob Beziehungen im Spiel waren oder durch eine Ausschreibung, lässt sich nicht mehr feststellen. Die Firma Kori war spezialisiert auf die Beseitigung von Müll und brennbaren Abfällen, Topf auf industrielle Feuerung.

Firmenprofil: Firma J.A. Topf & Söhne

Die Firmen- und Familiengeschichte ist bis heute nicht historisch aufgearbeitet. Fragmentarisch wurden in einzelnen Darstellungen Quellen verwendet, auch ich greife in meiner Darstellung auf keinen Gesamtüberblick zurück, sondern kann nur Teile erkennen lassen. Zur Gründungsgeschichte ist aus einer Rede zum 25jährigen Bestehen 1909, die auf einer Feier im Ratskeller in Erfurt vortragen wurde, zu entnehmen, dass die Firma J.A. Topf & Söhne 1878 durch Joh. Andr Topf gegründet wurde. J.A Topf war 62 Jahre alt als er die Firma gründete. Nachdem er 40 Jahre als Brauereimeister gearbeitet hatte, war er arbeitslos geworden. Der alte Arbeitgeber hätte ihn für die Hälfte seines Lohnes weiterarbeiten lassen, als Familienvater mit vier Söhnen wollte er das jedoch nicht, da er sich immer noch verpflichtet fühlte, seine Familien als Oberhaupt zu versorgen. Aufgrund seiner Tätigkeit hatte er sich mit industrieller Feuerung befasst, und war überzeugte, dass die angewendeten Methoden unwirtschaftlich waren und auch die vorhandenen Einrichtungen eine Verbesserung bedurften. Durch die Söhne erfuhr er eine große Unterstützung. Die Söhne waren Julius und Louis bzw.

Ludwig, diese zwei Söhne übernahmen den Betrieb 1885, sowie Albert und Dr. Gustav, welche die älteren Söhne und bereist in anderen Brauereien in Stellung waren. Sie kamen aber später in den Betrieb. Gustav richtete Laboratorien ein, in denen Untersuchungen von Feuerungs- und Brauereitechniken durchgeführt wurden. Im Jahr 1891 starb der Firmengründer. In der Rede hieß es auch „Topf unterstützte direkt die sozialen Anliegen der Arbeiter". Das war jedoch nicht so gemeint, wie wir es verstehen könnten, denn er stand fest „auf dem Boden des vom Kaiserhaus angebahnten und der hochgehaltenen Politik praktischer Arbeiterfürsorge und Wohlfahrt", weshalb er z.B. die gemeinnützige Baugenossenschaft „Schmidtstedt" gründete und diese mit erheblichen finanziellen Mitteln unterstützte. Bis 1909 waren so neun Häuser gebaut worden und es ist davon auszugehen, dass in den folgenden Jahren noch mehr durch die Topfchen Mittel entstanden sind. Es kann davon ausgegangen werden, dass ohne das Zutun der Firma die urbane Gestalt des heutigen Stadtteils gar nicht möglich gewesen wäre. In den beiden Hauptabteilungen der Firma wurden Dampfkesselanlagen und komplette Mälzereien entworfen und eingerichtet, bis in die 40er Jahre wurden sie so nicht nur in Europe, sondern weltweit bekannt. Entworfen und Entwickelt wurden Kesselhäuser, Schornsteine, Filter, Ventilatoren, Schalldämpfer, Gasdichte Türen, aber auch industrielle Untersuchungen im firmeneigenen Laboratorium durchgeführt,   und   eben   auch   Feuerbestattungsöfen. Kennzeichen des Betriebes war dabei, dass sämtliche Teile und Anlagen in Eigenproduktion erstellt wurden. Von den 500 deutschen ArbeiterInnen waren dadurch auch 100 Spezial-Ingenieure am Werk. Bis 1945 fertigte die Firma 7000 Anlagen in der ganzen Welt z.B. für DAB, Tuborg und Pilsener. Die Firma erzielte besondere Erfolge durch die Hochleistungsfeuerung mit Vorvergasungsschacht für die wirtschaftliche   Verfeuerung   von   Braunkohle.   Die Steinkohlegebiete in Elsaß - Löthringen mussten nach dem I.

Weltkrieg an Frankreich abgetreten werden, nun diente vor allen dingen Braunkohle für die deutsche Industrie als Brennstoff. Um diese Kohleart wirtschaftlich zu nutzen, die einen geringeren Heizwert hat als Steinkohle, war die Innovation der Topfchen Ingenieure für die Schwerindustrie in der Weimarer Republik lebensnotwendig. Ab Anfang des 20.Jahrhunderts schenkte die Firma der Feuerbestattung, welche die Erdbestattung in großem Maße ablösen sollte, große Aufmerksamkeit. Ab dieser Zeit gab es die Abteilung D IV für den Krematorienbau. Dieses Geschäft machte insgesamt aber nur 3% des Gesamtumsatzes aus. Es hatte also nur sehr geringen Bedeutung für das Unternehmen. Trotz allem wurde ihm aber eine große Aufmerksamkeit auch innerhalb der Firmenleitung geschenkt. In einem Dokument aus dem Jahre 1944, als Einstellungsplan bezeichnet, ist der letzte Punkt (46) dieser Liste für neueinzustellende die Bemerkung „Bei Übernahme in die Geheimfertigung – Vereidigung". Mit dieser Geheimfertigung kann nur der Krematorienbau gemeint sein. Für Dachau erhielt Topf den Zuschlag. Der Ingenieur Kurt Prüfer erkannte schnell, das für ein KZ kein normaler Bestattungsofen mit neugriechischer Verzierung aus Marmor benötigt wurde, wie die Firma Müller einen vorgeschlagen hatte, als auch die allgemein Bedeutung der KZs für die Bereitstellung von Arbeitskräften und den Erhalt von kostenlosem Baumaterial. Er entwarf also ein einfaches, effizientes Modell, dass sich aufgrund des Dauerbetriebs leicht zerlegen lässt, für einen günstigen Preis, welcher 1939 in Dachau auch installiert wurde. Auch die Lagerleitung in Buchenwald hatte inzwischen einen Ofen angefordert. Für das Lager entwarf er ebenfalls ein Modell, welches mit Öl befeuert wurde. 1939 wurde sich für diesen, als stationären Top-Doppelmuffelofen mit Ölfeuerung bezeichnete, entschieden und 1940 mit Hilfe von drei Häftlingen aufgebaut. Durch sein persönliches Interesse mit dem Geschäft mit den Krematorien und die Fähigkeit Preise kontinuierlich günstig zu halten, trotz der eintretenden Wirtschaftskrise, kontrollierte er ab 1940 den Markt in Dachau und Buchenwald. Es waren immer wieder Ersatzteile notwendig und Reparaturen mussten auch durchgeführt werden. 1940 wurde für Auschwitz die Entscheidung getroffen. Der Lagerkommandant Rudolf Höß hatte bereits Erfahrungen als SS-Unteroffizier im Lager Dachau gesammelt. Vielleicht kannte er daher die Firma Topf- auf jeden Fall erhielt die Firma 1940 seitens der SS-HHB (SS-Hauptamt für Haushalt und Bauten) das Angebot für Auschwitz und Flossenburg je einen Ofen zu errichten. Der zu dieser Zeit lukrativen Job in Sachsenhausen ging an Kori, da sie in Berlin saßen, und leichter Umgang mit den SS-Persönlichkeiten pflegen konnte. Prüfer war hingegen nur mit den SS-Unteroffizieren bekannt, die ihn aber auch unterrichteten wann ein neues Projekt anstand. Ab Mai 1940 wurde flüssiger Brennstoff rationiert. Das Modell für Auschwitz und Flossenburg wurde jedoch mit Öl angefeuert, ein Modell mit Koksfeuerung musste erst wieder entwickelt werden. Seit einigen Jahren waren diese nicht mehr auf dem Markt. Die Firma erhielt jetzt auch Reklamationen seitens der SS-HHB für die Öfen in Dachau und Buchenwald. Auch das Geschäft in Auschwitz und Flossenburg war in Gefahr, da die Bauleitung die Vorschläge zur Verbesserung abgelehnt hatte. Kurt Prüfer entwickelte also in aller Kürze Anfang Juni ein Modell nach dem Vorbild in Buchenwald jedoch mit Koksbefeuerung. Dieser Entwurf wurde angenommen. Schon Ende Juni wurde Buchenwald umgerüstet und Auschwitz ausgestattet. Dort konnte die erste Verbrennung am 15. August vorgenommen werden. Für Prüfer war der Bau so ein Erfolg, in ästhetischer, als auch in technischer Hinsicht, dass er ihn Typ Auschwitz nannte und sogar, obwohl seine Errichtung teurer war als der Vorkostenanschlag, bei dem einmal genannten Preis blieb. Die geschäftlichen Hürden waren jedoch noch nicht beseitigt. Dachau musste noch umgebaut werden und auch Flossenburg brauchte einen Ofen. Was sollte jetzt aber gemacht werden, der Ofen für Flossenburg war schon gebaut, würden sie einen neuen bauen, blieb die Firma auf einem sitzen. Die SS-HHB kam ihm mit einer Lösung entgegen. Der Ofen für Flossenburg sollte mit Modifikationen in Gusen, ein Außenlager von Mauthausen aufgestellt werden. In Flossenburg baute in nächster Zeit die Firma Kori einen Ofen und Prüfer kam dort nicht mehr ins Geschäft. Inzwischen hatte die Bauleitung auch den vorgeschlagenen Umbau für Dachau akzeptiert. Von da an kamen die Aufträge wie am Fließband. Für Mauthausen wurden zwei weitere Öfen bestellt und auch Anfang November bestellte Auschwitz einen neuen. Der schnellgeplante in aller Eile aufgestellte nur als Notlösung geplante Ofen „Typ Auschwitz" wurde als Erfolg in der Firma gefeiert. Ernst-Wolfgang Topf übernahm die Leitung dieses Bereiches und bedankte sich sogar persönlich in Mauthausen für ihre Bestellung, da diese vorher von der Firma Kori aufstellen ließ.Nun wurde auch seitens der Firma erkannt, dass es einen weiteren Markt gibt,den für Ventilation. Bereits im Dezember legte Karl Schulze einen Entwurf zur Entlüftung des Krematoriums I in Auschwitz vor. Im folgenden Jahr wurden vor allen Dingen Reparaturen vorgenommen und neue Bauvorschläge für die Lüftung in Auschwitz eingebracht. Im weiteren spielte sich das Geschäft nun vor allen Dingen in Auschwitz ab. Prüfer und weiter Mitarbeiter der Firma waren am Aufbau sämtlicher fünf Krematorien mit Gaskammern beteiligt. Die Kombination Gaskammern und Krematorien beschleunigt die Massenvernichtung stark, das Leistungsniveau der Gaskammern erreichen war erreicht und das Problem der Leichenbeseitigung war befriedigend gelöst worden. Es traten jedoch immer wieder Verschleißerscheinungen in den Krematorien auf, die zu einem zeitweiligen Ausfall führten. Während sich die Leichen stapelten, und teilweise wieder in Gruben verbrannt werden mussten, setzte die SS-Lagerleitung Prüfer stark unter Druck, wechselte jedoch nie zu einer anderen Firma obwohl sie auch von Kori immer noch Angebote erhielt. Doch Kurt Prüfer war zu einer unschätzbaren Hilfe geworden und nur durch ihn konnte der Betrieb entweder wieder in Gang gesetzt, optimiert oder aufgebaut werden. So konnte er z.B. die notwendigen Aufzüge für die Krematorien II und III besorgen, die der SS nicht gelungen war aufzutreiben. Nach dem I. Weltkrieg mussten die Steinkohlegebiete in Elsaß – Löthringen an Frankreich abgetreten werden, und nun diente vorallendingen Braunkohle für die deutsche Industrie als Brennstoff. Um diese Kohleart wirtschaftlich zu nutzen, die einen geringeren Heizwert hat als Steinkohle, war die Innovation der Topfchen Ingenieure für die Schwerindustrie in der Weimarer Republik lebensnotwendig. Bis 1945 fertigte die Firma 7000 Anlagen in der ganzen Welt z.B. für DAB, Tuborg und Pilsener. Ab Anfang des 20. Jahrhunderts schenkte die Firma der Feuerbestattung, welche die Erdbestattung in großem Maße ablösen sollte, große Aufmerksamkeit. Ab dieser Zeit gab es die Abteilung D IV für den Krematorienbau, deren Oberingenieur Kurt Prüfer bei den Verhandlungen mit der SS-Bauleitungen, dem Einwerben neuer Aufträge, der Entwicklung neuer Technologien und der Bauleitung vor Ort die entschiedenste Kraft war. Insgesamt belief sich der Gesamtumsatzes der Firma mit diesem Geschäft auf nur 3 %. Es hatte also nur eine sehr geringen Bedeutung für das Unternehmen. Wenn die historiographischen Erkenntnisse einer ehemaligen Mitarbeiterin des historischen Instituts der Deutschen Bank berücksichtigt werden, die besagen, dass die Firma seit 1940 direkt mit Sofortkrediten unterstützt wurde, da ansonsten ihre Zahlungsfähigkeit nicht möglich war, scheinen die Geschäfte mit der SS wie ein Strohhalm zu wirken. Die inzwischen dritte Generation Topfscher Söhne, welche die Firma 1933 sehr jung übernommen hatten, konnten die damals schon heruntergewirtschaftete Firma nicht vor der drohenden Insolvenz befreien. Denn eigentlich hätte der Konkursantrag schon 1939 gestellt werden sollen. Doch wie auch immer hatte Kurt Prüfer der Firma eine scheinbar sehr lukrative Geldquelle eröffenet, seit 1939 pflegte er Geschäftsbeziehungen zur SS, die für den Aufbau und das Betreiben der Konzentrationslager verantwortlich war. Ende des Jahres 1939 wurden je ein Krematoriumsofen in das KL Dachau und das KL Buchenwald geliefert. 1940 lieferte Topf & Söhne den ersten Ofen nach Auschwitz (Krematorium I im Stammlager) und einen weiteren nach Gusen, einem Nebenlager des Konzentrationslagers Mauthausen. 1941 wurden ein zweiter und dritter Ofen in Auschwitz installiert sowie ein Ofen nach Mogilew in Rußland geliefert. Ende 1941 fanden in Auschwitz die ersten Tötungen durch Giftgas statt. Anfang 1942 wurde die Gaskammer in das Krematorium I verlegt. Die bis zu diesem Zeitpunkt von der Firma gebauten Öfen mit zwei Muffeln (=Kammern), der sogenannte Ofentyp „Auschwitz", bedeuteten eine Kapazitätssteigerung gegenüber der herkömmlichen Einäscherung, und stellten die wesentliche Vorstufe für die massenhafte Vernichtung menschlichen Lebens dar. 1942 begann Topf & Söhne mit den Arbeiten an zwei weiteren Krematorien in Auschwitz-Birkenau (II und III). Die neue Krematoriumsanlage hatte insgesamt eine Kapazität von 30 Verbrennungskammern, und damit die fünffache Kapazität des ersten Krematoriums (Krematorium I im Stammlager). Im selben Jahr wurde mit dem Bau von zwei weiteren Krematorien in Auschwitz-Birkenau begonnen (IV und V), die zusammen mit 16 Kammern ausgestattet wurden. 1943 wurden alle Krematorien in Auschwitz-Birkenau übergeben. Die fünf Krematorien in Auschwitz Birkenau erreichten eine Einäscherungskapazität von täglich 3000 Leichen. Somit waren die Voraussetzungen gegeben, dieses Lager zu einem Zentrum der europäischen Judenvernichtung zu machen. Anfang 1943 installierten Mitarbeiter der Firma die Be- und Entlüftungsanlage für die Gaskammer im

Krematorium II. Ihr Wissen darum, dass dort Zyklon B eingesetzt werden sollte, erschließt sich aus der Geschäftskorrespondenz mit der SS-Bauleitung. Anfänglich rechtfertigten die Mitarbeiter und Verantwortlichen von Topf & Söhne den Bau der Öfen in Auschwitz und den anderen Konzentrationslager vor sich selbst und anderen mit der hohen Sterblichkeit im Lager, seit spätestens 1943 hatten sie aber den Beweis, dass sie durch ihre Technologie an der Massenvernichtung beteiligt waren, und gestanden dieses Wissen auch in den Verhören des sowjetischen Geheimdienstes 1946 ein. Mitarbeiter der Firma, die sich zum Teil mehrere Monate in Auschwitz aufhielten, wurden Zeugen der Vergasung von Hunderten von Menschen. Doch schon im Herbst 1941, als die neue Krematoriumsanlage (II und III) in Auschwitz geplant wurde mussten den Ingenieuren und Firmeninhabern erkannt haben, dass in den Krematorien nicht an Krankheiten verstorbene, sondern planmäßig ermordete Menschen eingeäschert werden sollten. Die historische Forschung geht davon aus, dass die SS ab Anfang 1942 den Aufbau der Anlagen in Birkenau mit den Maßnahmen der Wannsee-Konferenz in Verbindung brachte. Gleichzeitig kann man für das Jahr 1942 noch nicht von einer reibungslosen Tötungsmaschinerie sprechen, da die Krematorien teilweise nicht funktionsfähig waren (I) bzw. noch im Bau (II-V), so dass, die in Auschwitz schon zu zehntausenden ermordeten Inhaftierten in Massengräbern verscharrt wurden. Die Ingenieursleistungen und die Bautätigkeit der Firma Topf & Söhne und weiterer Zivilfirmen versetzte die SS erst in die Lage, Auschwitz-Birkenau ab 1943 zu einem Zentrum des europäischen Holocausts zu machen. Der Selbstmord Ludwig Topfs am Tag der amerikanischen Eroberung Erfurts erscheint wie die verspätete Einsicht in die Tragweite der geschäftlichen Entscheidung, die Firma am morschen Schlepptau der SS aus ihrem finanziellen Tief zu befreien, und gleichzeitig einen der wichtigsten Bestandteile für die

Organisation des Holocaust geliefert zu haben. Doch soviel Einsicht hat im Gegensatz dazu sein Bruder nicht, er gründet nur wenige Jahre später in Wiesbaden wieder eine Firma für Krematoriumsbau. Die ihr Know-how aus den Erfahrungen in Erfurt zieht.

Firmenmitarbeiter:

Ludwig Topf:
Um 1900 in Erfurt geboren. Ende 1933 in die NSDAP, Seit 1935 Mitinhaber der Firma Topf, Am 30. Mai 1945 in seinem Haus in Hirnzinnenweg/Erfurt Selbstmord

Ernst-Wolfgang Topf:
1902 in Erfurt geboren. Ende April 1933 in die NSDAP. Seit 1935 Inhaber der Firma Topf. Ende Juni 1945 in den Westen abgesetzt. 1951 Inhaber der Firma J.A. Topf & Söhne in Wiesbaden. 1963 wird die Firma aufgelöst.

Gustav Braun:
Geboren 1889 in Geilenbronn. 1936 von Ludwig Topf als Betriebsleiter eingestellt. Geschäftsreisen zwischen 1926-1934, dadurch fließend Amerikanisch, Französisch, Spanisch. Ab Feb. 1946 einstweilig Direktor. Zu 25 Jahren Zwangsarbeit 1948 in Moskau verurteilt, 1955 freigelassen, Unterlagen im Geheimarchiv des KGB

Kurt Prüfer:
Wurde 1891 in Erfurt geboren. In der Topfchen Konstruktionsabteilung für Mälzereianlagen wurde er vermutlich ausgebildet und bis 1911 als technischer Zeichner und Bauleiter tätig. Im Jahr 1912 trat er i den Infanteriedienst im 71.Regiment in Erfurt und wurde nach dem Zweiten Weltkrieg als Vizefeldwebel entlassen. Er nahm erst 1920 ein Studium auf, und beendete es als Diplom-Bauingenieur.

Bereits während seines Studiums wurde er wieder bei Topf angestellt, diesmal jedoch in der Abteilung D, „Sektion Krematorienbau". Er war vermutlich schon vor 1933 in der NSDAP. 1935 zum Oberingenieur und ehrenamtlicher Obmann bis 1937/38 und Betriebsratmitglied ernannt. 1941 Leitung der Sektion D IV, dadurch unabhängig, bleibt aber den Verantwortlichen der Sektion D, Sander und Erdmann untergestellt. Zwischen Nov. 1940 und Mai 1944 elf Besuche in Auschwitz. Verhaftung am 30. Mai 1945, deshalb nimmt sich Ludwig Topf das Leben. Entlassung am 13.Juni, nimmt Arbeit bei Topf wieder auf und bereinigt mit Hilfe von Ernst-Wolfgang Topf die Firmenakten von den mit Auschwitz geschlossenen Verträgen, März 1946 mit Gustav Braun, Fritz Sander und Karl Schultze erneut verhaftet von der SMA, Durch Tod von Topf und Sander kann sich herausreden. Im April 1948 zu 25 Jahren Zwangsarbeit verurteilt, Haftunterlagen befinden sich im Geheimarchiv des KGB, nach denen hätte er 1955 freigelassen werden können Verstirbt am 24. Okt 1952 in der Krankenbaracke Nr.23 des Speziallagers des Innenministeriums an einer Hirnblutung mit Teillähmung

Karl Schultze:
Oberingenieur der Abteilung D III, Spezialist für Lüftungsanlagen. 1941 mit Übernahme der Leitung der Abteilung B (Ventilation) unabhängig, untersteht aber Sander und Erdmann. entwirft die Entlüftung für das Krematorium I von Auschwitz, und die Lüftung für die Krematorien II, III, IV und V (nur diese eingebaut) in Birkenau. Karl Schultze erhält den Auftrag von Prüfer für die Lüftungsanlagen der Krematorien richtet eine Entwesungsanlage mit vier Heißluftkammern in der „Zentralsauna" ein. zwischen März 1943 und Mai 1944 dreimal in Auschwitz. 1946 von der SMA verhaftet und verhört, 1948 auch in Moskau. zu 25 Jahren

Zwangsarbeit verurteilt. 1955 entlassen. Unterlagen im Geheimarchiv der KGB

Fritz Sander:
Oberingenieur der Sektion D und Handlungsbevollmächtigter der Firma. Okt/Nov 1942 meldet Patent für einen kontinuierlich arbeitenden Leichen-Verbrennungsofen an. Während eines Verhörs infolge seiner Verhaftung 1946 durch den Smersh (Sowjetische Spionageabwehr) erleidet einen Herzinfarkt. Akte im Geheimarchiv des KGB

Paul Erdmann:
1881 in Arnstadt geboren. seit 1898 als technischer Zeichner bei Topf. ab 1921 Oberingenieur. ab 1928 Leiter und Prokurist der Abteilung D. ab 1945 tritt er in den FDBG, dadurch nicht von SMA. ab 1948 Prokurist der Nagema. 1950/51 in den Ruhestand

andere Mitarbeiter - Poliere und Facharbeiter:
August Willing, Martin Holik, Wilhelm Koch, Albert Mähr, Heinrich Messing, Arnold Seyffarth, Herr Wiemokli

Martin Klettner:
Ingenieur der Abteilung D bei Topf, Sektion D IV, 1947 Oberingenieur der Nagema in Dresden, setzt sich in den Westen ab und geht nach Wiesbaden, verantwortlich für die Reparaturwerkstatt und Ofenproduktion in Recklinghausen, Patentanmeldung, Stirbt in den 70ern

Walter Dejaco:
1909 in Mühlau (Innsbruck, Österreich) geboren. 1930 Diplom als Architekt, spricht Englisch, Französisch, Italienisch. Aufgrund der wirtschaftlichen Lage zwei Entlassungen, 1932 im Winter als Skilehrer, im Sommer als

Bergführer. Im Juli 1933 in die illegale österreichische SS, 1934 verhaftet, nach Entlassung Flucht nach Italien und Frankreich, dann nach Deutschland, und arbeitet als Zeichner bei einem Architekten in Garmisch-Partenkirchen, nach dem „Anschluss" zurück nach Österreich, 1939 zum 8.Regiemt der SS nach Krakau eingezogen, im Juni 1940 zur Bauleitung nach Auschwitz versetzt im September 1940 ins SS-HHB nach Berlin. 1941 Ernennung zum Rottenführer, Oktober 1941 mit Bischoff zurück nach Auschwitz, SS-Unterscharführer im Nov, Untersturmführer im Dez, zeichneten die ersten Entwürfe für das neue Krematorium des Stammlagers, Als Chef der Planungsabteilung leitet er die entgültige Ausarbeitung. Überwacht die Pläne für den Bau aller vier Krematorien sowie ihre Umgestaltung für den „Dauerbetrieb". 1944 nach Frankreich versetzt, durch die Lage an der Front zurück nach Berlin und dann Auschwitz, wird zum Bauleiter des KL Groß-Rosen ernannt, und Bauleiter von Breslau, von Sowjets gefangen genommen, fünf Jahre im Gefängnis.

Fritz Ertl:
1908 in Breitbrunn (Linz) geboren, Hochbauingenieur und Architekt, Zwischen den beiden Kriegen übernimmt er das Familien-Bauunternehmen, Im Nov 1939 zum 8.SS-Regiment von Krakau eingezogen
Im Mai 1940 zur neuen Bauleitung nach Auschwitz versetzt, Jan 1941 SS-Rottenführer, Nov. 1941 Unterscharführer, Jan 1942 zum Untersturmführer, wird Bischoffs Stellvertreter

Firma Gustav Linse
1919 war Gustav Linse als Chefkonstrukteur bei der Erfurter Pumpenfabrik „Otto Schwade" tätig. Aufgrund dieser Verrichtung wurde er Teilhaber und Techniker der Maschinenbaufirma „Wächter & Linse". Carl Wächter hatte

sich zu dieser Zeit mit dem 37jährigen Linse selbstständiggemacht und die Firma des Vaters, die 1888 gegründet worden war, übernommen. Im Betrieb in der Regierungsstraße 35 arbeiteten 35 – 40 Personen, die Aufzüge, Transmissionen, Papierschneidemaschinen, Zahnräder, Geldschränke und Türschlösser fertigten. 1920 schied Wächter aus und Linse spezialisierte sich auf Kräne und Aufzüge. 1937 wurde die Firma in die Rudolstädterstr.2 verlegt. 1942 wand sich Kurt Prüfer, der von Karl Bischoff, dem Sonderbauleiter für das KL Auschwitz und Birkenau, beauftragt wurde, an den Nachbarbetrieb. Dort „fand" er einen Aufzug einen „Patent – Demag – Elektrozug 750 kg Tragkraft mit einem Strang, 1500 kg mit zwei Strängen". Drei Stück sollte er, einen sofort und zwei innerhalb von sieben Monaten, nach Birkenau schicken, damit diese das Untergeschoß in den Krematorien mit dem Erdgeschoß verband. Die Gaskammern befanden sich mit den Auskleidekammern im Untergeschoss der Krematorien. Die Leichen mussten also zum EG hoch geschafft werden, dort in die Ofen und unten die Asche entfernt und wieder nach oben und vergraben oder im Fall Auschwitz in den naheliegenden Weiher gekippt werden. Für diesen Vorgang war zuerst eine Rampe da, ein Aufzug sollte diesen Vorgang eher beschleunigen als erleichtern.

Entwicklung nach dem Krieg

1948 -Nagema Topfwerke Erfurt VEB mit Hauptsitz in Dresden
1950 -Ingenieur Martin Klettner aus Recklinghausen meldet für die Firma Topf aus Wiesbaden ein Patent für einen stationären Einäscherungs-Einmuffelofen mit dem Titel „Verfahren und Vorrichtung zur Verbrennung von Leichen, Kadavern und Teilen davon"

1951 -Eintrag der neuen Gesellschaft J.A. Topf & Söhne aus Wiesbaden ins Handelsregister. Sie wird von Ernst-Wolfgang Topf geleitet.

1952 -Kurt Prüfer stirbt im Gulag an....

1955 -Karl Schultze und Gustav Braun werden von den Sowjets freigelassen.

1957 -Nagema zu „Erfurter Mälzerei und Speicherbau (EMS)"

1963 - Auflösung der Firma J.A. Topf & Söhne in Wiesbaden

Im Jahr 1972 fand in Wien der Prozess gegen die „Architekten der Krematorien von Auschwitz" Walter Dejaco und Fritz Ertl statt. Es erfolgte ein Freispruch durch die acht österreichischen Geschworenen gegen die zwei österreichischen Angeklagten. Ertl zeigt keine Reue angesichts seiner Vergangenheit. Er ist der Meinung seine „Jugendsünden" durch die harte Gefangenschaft bei den „Roten" bezahlt zu haben.

Erfurt im Nationalsozialismus
- Literaturliste -

Abe, Horst Rudolf/ Jürgen Kiefer: Mitgliederverzeichnis der „Akademie nützlicher (gemeinnütziger) Wissenschaften" zu Erfurt (1754-1945), in: BHWGE, Bd. 23 (1991/94), Erfurt 1994.

Architekturführer Thüringen. Vom Bauhaus bis zum Jahr 2000, Weimar 2000. [UB EF: LK 80767 W 646 (2)]

Archivführer Thüringen, hg. v. der Archivberatungsstelle Thüringen, Weimar 1999.

Bauer, Antje: In Erfurt schufteten 20.000 Zwangsarbeiter. Über ein fast vergessenes Kapitel deutscher Geschichte in unserer Stadt, in: Erfurter Strassenzeitung (2000/2001) H. 39/40, S. 15. (als Heft vorhanden)

Benary, Friedrich: Neuanfang mit Hindernissen, in: Erfurter Heimatbrief, Nr. 24 1972, S. 12-16.

Berger, Rudolf: Probleme des Kampfes der KPD gegen den Faschismus in Erfurt 1935-1939. Staatsexamensarbeit, Potsdam 1965 (Ms).

Bergmann, Gerd: Zur Wirksamkeit des Nationalkomitees „Freies Deutschland" in Erfurt, in: Aus der Vergangenheit der Stadt Erfurt, N.F., H. 7, 1989, S. 50-56. [L-KB Erfurt 62b] (kopiert)

Betriebsrat und Geschäftsleitung: Zeitbuch 1908-1948. Den Gründern des Hauses Siegfried Pinthus / Arthur Arndtheim ein ehrenvolles Gedenken, gedrucktes Material, Erfurt Mai 1948, S. 1-17.

Beyermann, Andre: Thüringens Industrie im „Dritten Reich",
in: Thüringen. Blätter zur Landeskunde, Erfurt 1999. (kopiert)

Beyermann, Andre: Zwangsarbeit in Thüringen 1939-1945,
in: Thüringen. Blätter zur Landeskunde, Erfurt 2000. (kopiert)

Boegl, Ludwig (Hg.): Deutschlands Städtebau. Erffurt, Berlin
1927.

Bolz, Reinhard: 'Ich sterbe mit festem Herzen
selbstverständlich' – Dr. Theodor Neubauer, in: Stadt und
Geschichte Nr. 9, 4 (2000), S. 22-23.

Bondy, Louis W.: Racketeers of Hatred. Julius Streicher and
the Jew-Baiters' International, London, Leicester 1946.
(Kopie)

Brachmanski, Hans-Peter: Das war das 20. Jahrhundert in
Erfurt. Das Buch zur Serie der „Thüringer Allgemeinen",
Gudensberg-Gleichen 2000. [Stadtbücherei Erfurt: Ter D 301
Erfurt] (NS-Teil kopiert)

Brigadetreffen Erfurt – Ostern 1934 Brigade 142, Erfurt
Ostern 1934, Brigade 142., o.O. O.J. [Anläßlich des
10jährigen Bestehens der SA in Erfurt] Stadtbibliothek MH-
Ea 664

Brunner, Reinhold: Ernst Thälmann in Erfurt, in: Aus der
Vergangenheit der Stadt Erfurt, NF., H. 2, 1986. [kopiert;
Stadtbücherei Erfurt]

Chronik der Berufsfeuerwehr Erfurt.

Dank in Farben. Aus dem Gästebuch von Alfred und Thekla Hess, 9. Aufl., München/ Zürich 1992.

DenkMal für den unbekannten Wehrmachtsdeserteur. Dokumentation einer Initiative, hg. v. DGB-Bildungswerk Thüringen e.V., Erfurt 1995. (als Heft vorhanden)

Deutsch, Karl: Adolf Schmalix, der völkische Hetzredner und Schriftsteller im Werktagsgewand. Eine erste Abrechnung und Erledigung, o.O., o.J. (1926, 2. Aufl. 1929)

Diaz-Maceo, Ferun: Zwangsarbeiter in Südthüringen während des Zweiten Weltkrieges, Archivalisches Quellenmaterial, Schriften des Thüringischen Staatsarchivs Meiningen, Meiningen 1995. [UFB Erfurt: FBG MAG A 14577 (02) ND 1750 Z 97; HAAB Weimar] (teilw. kopiert)

Dickmann, F.: Die Regierungsbildung in Thüringen als Modell der Machtergreifung, in: Vierteljahreshefte für Zeitgeschichte 14 (1966), S. 454-464.

Didier, Friedrich: Handbuch für die Dienststellen des Generalbevollmächtigten für den Arbeitseinsatz und die interessierten Reichsstellen im Großdeutschen Reich und in den besetzten Gebieten, Berlin 1944. (teilw. kopiert)

Dornheim, Andreas, Bernhard Post, Burkhard Stenzel: Thüringen 1933-1945. Aspekte nationalsozialistischer Herrschaft, hg. v. d. Landeszentrale f. polit. Bildung Thüringen, Erfurt 1997. (als Buch vorhanden)

Dressel, Guido (Bearb.): Wahlen und Abstimmungsergebnisse 1920-1995, Erfurt 1995.

Drobisch, Klaus; Günther Wieland: Das System der NS-Konzentrationslager 1933-1939, Berlin 1993. [SUB GÖ: LS1: PNQ 2350=94 A 10864; THULB Jena: J 23: HIS: ST: 380:::1993] -> einige Seiten kopiert

Duddins, Walter: Enthüllungen aus der Hitler-Partei in Erfurt, Erfurt o.J. (1932)

Dunker, Ulrich: Der Reichsbund jüdische Frontsoldaten 1919-1938, Düsseldorf 1977.

Das Eichenblatt. Mitteilungsblatt der Truppenkameradschaften der ehem. 1. Panzerdivision, 40 (1995) Heft 3. [Stadtbibliothek MH-96/12688]

Ehnert, Gunter: Die SPD Thüringens im Vorfeld der SED-Gründung (1945/46), Erfurt 1995. (als Buch vorhanden)

100 Jahre Bankhaus 1849-1949. hg. v. Max u. Hermann Stürcke, Erfurt 1949.

100 Jahre Handwerkskammer Erfurt. Die Handwerkskammer an der Via Regia, hg. v. der Handwerkskammer Erfurt, Erfurt 2000.

100 Jahre elektrische Straßenbahn in Erfurt, hg. v. Erfurter Verkehrsbetriebe AG, Verfasser: Richard Brachmann, Erfurt 1994(?). [UB Erfurt NR 6560 B 796] (teilw. kopiert)

100 Jahre Reichsbahn-Direktion Erfurt. 1882-1982, hg. v. d. Reichsbahndirektion Erfurt, Erfurt 1982[?]. [Stadtbücherei Erfurt: Ter V 20.0] (teilw. Kopiert)

Enzyklopädie des Holocaust. Die Verfolgung und Ermordung der europäischen Juden, hg. v. Israel Gutmann, 4 Bde., München 1995.

Erfurt, Berlin Halensee 1927 (Dari-Vlg.). [L-KB Erfurt 30] (enthält zahlreiche Anzeigen von Erfurter Firmen, u.a. Röm. Kaiser; viele Bilder und Bereiche; S. 95-99: Zu Erfurts Industrie u.a. Topf und Söhne, S. 93f: Zum Erfurter Flughafen; S. 127: Stadtsparkasse, S. 130ff: Vorstellung versch. Firmen mit Abb. (Brauereien, Baugeschäfte, Brikettfabrik), S. 140: Abb. Bismarckturm Erfurt)

Erfurt, Weimar 1960 (Volksverlag). [L-KB Erfurt 38] (u.a. Abb. 110: Den Helden der Sowjetunion in Dankbarkeit, Abb. 111: Gedenken der Opfer des Faschismus, Abb. 112: An den Gräbern frz. Deportierter.)

Erfurt unterm Sternenbanner 12. April bis 2. Juli 1945. Die amerikanische Besatzungszeit in Dokumenten und Aufzeichnungen, Erfurt 1995. [StadtA EF; Jena:]

Erfurt und Thüringen. Die Interessen der Stadt Erfurt bei der Neuordnung des Reiches. Denkschrift an die preußische Staatsregierung und Reichsregierung, Erfurt 1930.

Der Erfurter Blumensamenanbau - Erinnerungen zum 80. Geburtstag von Ernst Benary, in: Erfurter Heimatbriefe 5 (1962), S. 5-7.

Erfurter Heimatbrief (EHB), 10.
S. 36-3): 50 Jahre freischaffender Architekt – 50 Jahre Baugeschehen in Erfurt. [über den Architekten Alfred Crienitz, Thüringenhalle u.a.] -> kopiert.

Das Erfurter Kaufhaus und sein Jahrhundert. Vom Kaufhaus Römischer Kaiser zum Karstadt-Themenhaus, 1908-2000, hg. v. Karstadt Warenhaus AG Erfurt (Autoren: Ruth u. Eberhard Menzel), Erfurt 2000. (als Buch vorhanden)

Escherich, Mark: Architektur 1933-1945, in: Thüringen. Blätter zur Landeskunde, Erfurt 2000. (als Heft vorhanden)

Eschwege, Helmut: Geschichte der Juden im Territorium der ehemaligen DDR, 2 Bde., Dresden 1991 (Ms.).

Festschrift dem 19. Deutschen Historikertag in Erfurt dargeboten vom Oberbürgermeister der Stadt Erfurt und vom Erfurter Geschichtsverein, Erfurt 1937.

Flemming, Gerald: Protokolle des Todes, in: Der Spiegel (1993) H. 40, S. 151-162.

Franz, Peter: Der gewöhnliche Faschismus. Über die alltägliche Herrschaft der „Nationalsozialisten" in einer deutschen Mittelstadt, Weimar 2001 (Gesucht, 4). [GBV: 0] -> S. 76-81:zu Nohra und Bad Sulza.

Führer von Erfurt, 2. Aufl. Erfurt 1927. [L-KB Erfurt 50 b] (u.a. zu Erfurts Industrie, S. 49ff, Anzeigen von Erfurter Firmen, Stadtplan)

Führer durch das Kaufhaus Römischer Kaiser Erfurt, Erfurt 1929.

Gerlach, Christian: Die Firma Topf & Söhne, die deutsche Vernichtungspolitik und der „Osten" als Aktionsfeld kleiner und mittlerer Firmen im Zweiten Weltkrieg. (Typoskript). [Kleine Synagoge]

Kleine illustrierte Geschichte der Stadt Erfurt, Marburg 1991. (kopiert: Kap. 10 Über NS)

Geschichte Thüringens, hg. v. Hans Patze u. Walter Schlesinger, Bd. 5: Politische Geschichte in der Neuzeit, 2. Teil, Köln, Wien 1978. (teilw. Kopiert)

Gesellschaft Ressource. Ein historischer Rückblick, Erfurt o.J.

Gräf, Arno: Hugo Gräf (1892-1958) - Ein Leben für das Wohl der Werktätigen, in: Aus der Vergangenheit der Stadt Erfurt, N.F., H. 7, 1989, S. 39-49. [L-Kb Erfurt 62b] (kopiert)

Gräfe, Marlis/ Bernhard Post: Geheime Staatspolizei. Staatspolizeistelle Weimar, hg. v. d. Gedenkstätte Buchenwald u. dem Thür. HStA Weimar, Weimar 1996.

Griebel, August: Die Kristallnacht in Erfurt, in: Aus der Vergangenheit der Stadt Erfurt, Bd. II, H. 5, 1958, S. 161-165. [kopiert; Stadtbücherei Erfurt]

Gutsche, Willibald (Hg.): Geschichte der Stadt Erfurt, Weimar 1986. [L-KB Erfurt 6] (kopiert: Kap. 13 Über NS)

Gutsche, Willibald: Dr. Theodor Neubauer. Ein Leben im Kampf um ein besseres Deutschland, Erfurt 1955. [L-KB Erfurt 2] (v.a. S. 44-62)

Hawich, Tamara: Manufakturen, Maschinen, Manager. Unternehmer und Unternehmen in und um Erfurt, hg. v. der IHK Erfurt, Halle/Saale 2001. [UB Erfurt] (teilw. Kopiert)

Heiden, Detlev/ Gunther Mai (Hg.): Nationalsozialismus in Thüringen, Weimar u.a. 1995.

Heiden, Detlev/ Gunther Mai (Hg.): Thüringen auf dem Weg ins „Dritte Reich", Erfurt 1996.

Heilbrunn, Karl: Aus der Geschichte der Juden in Erfurt, in: Nachrichtenblatt der Jüdischen Gemeinde Berlin u. d. Verbandes der Jüdischen Gemeinden in der DDR, Dezember 1978, S. 7-9. [bzw. Dresden 1951/1978; Sonderdruck]

Heimatbrief der NSDAP. Kreis Erfurt-Weißensee, Erfurt 1939ff. [StA EF] -> versch. Artikel kopiert.

Hess, Hans: Dank in Farben. Aus dem Gästebuch von Alfred und Thekla Hess, München 1957. [bzw. München/Zürich 1966]

Hess, Ulrich: Die Erfurter Sozialdemokratie bis zum Fall des Sozialistengesetzes 1890, Weimar 1961. [StA Erfurt 5/350 - H 3]

Heß, U.: Geschichte der Behördenorganisation der Thüringischen Staaten und des Landes Thüringen von der Mitte des 16. Jh. bis zum Jahr 1952, Teil 2, Berlin 1958 (ND Stuttgart, Jena 1994).

Hess, Ulrich: Die Geschichte Thüringens. 1866-1914, hg. v. Volker Wahl, Weimar 1991.

Hess, Ulrich: Die sozialdemokratische Presse in Thüringen, in: Rudolstädter Heimatbriefe. Beiträge zur Heimatkunde des Kreises Rudolstadt, Rudolstadt 1963. [StA Erfurt: 4-0/64:116]

Heß, Ulrich: Die Überlieferung der sozialistischen Presse in Thüringen 1890-1933. [Stadtbücherei Erfurt] (kopiert)

Hüneke, Andreas: 'Der Wert ist unvergänglich, wo er ist'. 'Entartete' Kunst in Erfurt, in: Cornelia Nowak/ Kai Uwe Schierz/ Justus H. Ulbricht (Hg.), Expressionismus in Thüringen. Facetten eines kulturellen Aufbruchs, Jena 1999, S. 434-440.

Hüttenberger, Peter: Die Gauleiter. Studie zum Wandel des Machtgefüges in der NSDAP, Stuttgart 1969.

Immig, Eberhard: Zur Geschichte der Erfurter Synagogen, in: Aus der Vergangenheit der Stadt Erfurt, Bd. 1, Erfurt 1955, S. 133-140.

Jantzen, Eva/ Merith Niehuss (Hg.): Das Klassenbuch. Geschichte einer Frauengeneration, Reinbek b. Hamburg 1997 (EA 1994). [UF EF: NQ 1790 J35] -> erscheint Juli 2002 in einem anderen Verlag als Neuausgabe für 6 Euro.

Jersch-Wenzel, Stefi/ Reinhard Rürup (Hg.): Quellen zur Geschichte der Juden in den Archiven der neuen Bundesländer, Bd. 1: Eine Bestandsübersicht. Bearbeitet von Andreas Reinke und Barbara Strenge unter Mitarbeit von Bernd Braun und Nathan Sznaider, München u.a. 1996.

John, Jürgen (Hg.): Geschichte in Daten - Thüringen, München, Berlin 1995. [SUB: LS1] (kopiert: Kap. NS)

John, Jürgen: Die Industrie in Thüringen Mitte der zwanziger Jahre und 1933 bis 1939, in: Jahrbuch für Regionalgeschichte 8 (1981), S. 18-52.

John, Jürgen: Thüringen in nationalsozialistischer Zeit, in: Thüringen. Blätter zur Landeskunde, 2. Aufl. 1994. (kopiert)

John, Jürgen (Hg.): Quellen zur Geschichte Thüringens 1918-1945, hg. v. der Landeszentrale für politische Bildung, Erfurt 1996. [SUB] (kopiert: Inhaltsverz.)

Jonscher, Reinhard: Kleine thüringische Geschichte. Vom Thüringer Reich bis 1945, Jena 1993.

Juden in Thüringen. Biographische Daten, hg. v. Europäischen Kulturzentrum in Thüringen, 2 Bde., Bd. 1 (A-L) 2. Aufl. Erfurt 1996, Bd. 2 (M-Z) Erfurt 1997. [Kleine Synagoge]

Kämmer, Heinz W.: Von arm bis braun. Eine Kindheit in der Mitte Deutschlands von den 'goldenen' Zwanzigern bis in die 'braunen' 30er, Essen 1996. (ISBN: 3-89206-771-6) [Stadtbibliothek MH-97 16003 AP]

Kahl, Monika: Adolf Schmalix und die faschistische „Großdeutsche Volkspartei", in: Zeitschrift für Geschichtswissenschaft (1976) H. 5, S. 547-558.

Kahl, Monika: Alfred Hess - ein Erfurter Kunstmäzen, in: Veröffentlichungen zur Stadtgeschichte und Volkskunde. Museen der Stadt Erfurt, Historische Reihe (1984) H. 1, S. 76-85.

Kahl, Monika: Denkmale jüdischer Kultur in Thüringen, Bad Homburg/ Leipzig, 1997.

Kaiser, Lothar: Professor Dr. med. Alfred Machol (1875-1937). Eine biographische Studie über den Erbauer der Chirurgischen Klinik der Medizinischen Akademie Erfurt, Dipl. a. d. MedAk Erfurt, Erfurt 1977.

Kraus, Ota/ Erich Kulke: Massenmord und Profit. Die faschistische Ausrottungspolitik und ihre ökonomischen Hintergründe, Berlin 1963. [Stadtbibliothek EF: XXX; UB EF: best.; Jena: J 23: HIS:ST:380:::1963] -> zu Topf & Söhne S. 128-130.

Kunze, Herbert: In memoriam Alfred Hess, TAZ vom 8.1.1932.

Lattermann, Karl: Der Erfurter Gartenbau. Eine wirtschaftsgeorgraphische Untersuchung, Würzburg 1935.

Liesenberg, Carsten: „Wir täuschen uns nicht über die Schwere der Zeit ...". Die Verfolgung und Vernichtung der Juden, in: Heiden/Mai (Hg.), Nationalsozialismus in Thüringen, Weimar u.a. 1995, S. 443-462. (kopiert)

Lucke, Mechthild: '... ein Stück Deutsche Kunstgeschichte' – Expressionismus in Erfurt, in: Cornelia Nowak/ Kai Uwe Schierz/ Justus H. Ulbricht (Hg.), Expressionismus in Thüringen. Facetten eines kulturellen Aufbruchs, Jena 1999, S. 22-33.

Lucke, Mechthild: Der Erfurter Sammler und Mäzen Alfred Hess, in: Henrike Junge (Hg.): Avantgarde und Publikum. Zur Rezeption avantgardistischer Kunst in Deutschland 1905-1933, Köln, Weimar, Wien 1992, S. 149-155.

Lucke, Mechthild/ Andreas Hünecke: Erich Heckel. Lebensstufen. Die Wandbilder im Angermuseum zu Erfurt, Dresden 1992.

Ludwig, Kurt: Der Kampf der Erfurter Arbeiter gegen den Faschismus 1931 bis 1932, Erfurt 1957. (als Kopie vorhanden)

Mai, Gunther: Die Nationalsozialistische Betriebszellen-Organisation. Arbeiter und Nationalsozialismus 1927-1934, in: Heiden/Mai (Hg.): Nationalsozialismus in Thürinfgen, Weimar, Köln, Wien 1995.

Marchand, Alfred: Ich habe nie Langeweile gehabt. Ein Widerstandskämpfer gegen den Faschismus erzählt sein Leben, hg. v. Barbara Bromberger, Frankfurt/M. 2001. (als Buch vorh.) -> u.a. zur Feldstraße

Menzel, Eberhard und Ruth: Trauer statt Heldenverehrung – Zu Hans Walthers Kriegsdenkmälern, der 20er Jahre, in: Cornelia Nowak/ Kai Uwe Schierz/ Justus H. Ulbricht (Hg.), Expressionismus in Thüringen. Facetten eines kulturellen Aufbruchs, Jena 1999, S. 392-396.

Menzel, Eberhard: Expressionistische Grabmalkunst in Erfurt, in: ???, S. 101-107.

Menzel, Eberhard u. Ruth: Villen in Erfurt, 3 Bde., Arnstadt, Weimar 1996, 1997, 1998. [UB Erfurt: LK 80767 M 551-2] (teilw. kopiert)

Menzel, Eberhard u. Ruth: Die Geschichte der Sparkasse Erfurt 1823-1998, Erfurt 1998. [Stadtbücherei Erfurt: B 71.1. Erfurt; Kopiert: Kap. 2, 1933-1945, S. 84-113]

Menzel, Ruth: Avantgarde in Erfurt seit Ende des Ersten Weltkrieges. Förderung und Gegenwehr, unveröffentlichtes Manuskript, Erfurt 1992. [Ruth Menzel besitzt auch eine Kartei der Kunstvereinausstellungen]

Merker, Mathias: Zensur und Gleichschaltung Thüringer Zeitungen zwischen 1933 und 1993, Weimar 1993.

Moczarski, Norbert; Berhard Post; Katrin Weiß (Hg.): Zwangsarbeit in Thüringen 1940-1945. Quellen aus den Staatsarchiven des Freistaates Thüringen, Erfurt 2002. -> als Buch vorhanden.

Mück, Hans-Dieter: Erfurt – Der provinzsächsische 'Kampfplatz' um die Moderne, 1912-1937, in: Mück Hans-Dieter (Hg.): Max Beckmann und Thüringen, Weimar 1900 – Erfurt 1937, Stuttgart/ Frankfurt a.M. 1997, S. 54-60. (Seitenzahlen prüfen!!!)

Müller, Sonja: Theodor Neubauer, 6. Aufl. Berlin 1976. (als Buch vorhanden)

Neumann, Thomas: Pressefreiheit, in: Thüringen. Blätter zur Landeskunde, Erfurt 1999. (teilw. kopiert)

Neuschild, Karl: Der andere Adolf, in: Erfurter Rad 1958, S. 59-62.

Nolde, Frank: Erich Heckel. Lebensstufen. Die Wandbilder im Angermuseum zu Erfurt, hg. v. Angermuseum, o.J. [Faltblatt, im Angermuseum zu kaufen]

Nossen, Wolfgang M.: Düstere Kindheitserinnerungen. Die Pogromnacht 1938 und die Folgen, in: Stadt und Geschichte. Zeitschrift für Erfurt, 1 (1998) H. 1, S. 3-4. (als Heft vorhanden)

Nowak, Cornelia: 'Steine statt Brot!' – Walter Corseps Kampf gegen des Expressionismus, in: Cornelia Nowak/ Kai Uwe Schierz/ Justus H. Ulbricht (Hg.): Expressionismus in Thüringen. Facetten eines kulturellen Aufbruchs, Jena 1999, S. 412-419.

Overesch, Manfred: Hermann Brill in Thüringen 1895-1946. Ein Kämpfer gegen Hitler und Ulbricht, Bonn 1992. [Stadtbücherei Erfurt: D 91: Brill, H. (1895-1959)]

Pogrom in Erfurt. Beiträge gegen das Vergessen, hg. v. Erfurter Straßenzeitung BRÜCKE, Erfurt 1998. (als Heft vorhanden)

Pressac, Jean-Claude: Die Krematorien von Auschwitz. Die Technik des Massenmordes, München 1995. (als Buch vorhanden)

Projekt „Juden in Thüringen", PH Erfurt: Juden in Thüringen, in: Thüringen. Blätter zur Landeskunde 1996. (kopiert)

Raßloff, Steffen: Auf dem Weg ins Dritte Reich. Das Erfurter Bürgertum 1918-1933, unveröffentlichtes Vortragsmanuskript, gehalten am 25.06.2001 beim Geschichtsverein Erfurt.

Raßloff, Steffen: Erfurt begeht moralischen Selbstmord. A. Schmalix und die Großdeutsche Freiheitsbewegung, in: Stadt und Geschichte 4/2001, S. 28f.

Raßloff, Steffen: Flucht in die nationale Volksgemeinschaft. Das Erfurter Bürgertum zwischen Kaiserreich und NS-Diktatur, (Diss. 2001, erscheint voraussichtlich Erfurt 2002)

Redlob, Edwin: Von Weimar nach Europa. Erlebtes und Durchdachtes, Jena 1998.

Röll, Wolfgang: Sozialdemokraten im Konzentrationslager Buchenwald: 1937-1945, unter Einbeziehung biographischer Skizzen, Göttingen 2000. [HAAB Weimar]

Röscher, Angela: Zum Wirken des Roten Frontkämpferbundes in Erfurt, in: Veröffentlichungen zur Stadtgeschichte u. Volkskunde, Erfurt 1984, S. 69-75. [L-KB Erfurt 62b]

Rose, Karin: Die nationale Durchdringung der Schule im 3. Reich unter Verwendung von Quellen des StA Erfurt, 1998. [StA EF: 5/350/ R 7]

Schnitzler, Christian: Das Ende der Freiheit. Der Aufstieg der NSDAP in Thüringen, in: Thüringen. Blätter zur Landeskunde, 2. Aufl. 1993. (kopiert)

Schulz, Werner: Zur Geschichte des Erfurter Kaufhauses auf dem Anger, Typoskript, undatiert [nach 1990], 10 Seiten.

Schulz, Werner: Zur Geschichte des Erfurter Kaufhauses auf dem Anger. Fortsetzungsserie in sieben Beiträgen, in: Stadtanzeiger, Erfurt o.J.

Schumann, Peter: Die Deutschen Historikertage von 1893 bis 1937: Die Geschichte einer fachhistorischen Institution im Spiegel der Presse, Göttingen 1975. [UB EF: LS: NB 6900 S 392] -> Darin ein Kapitel zum Historikertag in Erfurt 1937.

Schwarz, Erika: Auf der Suche nach Schapiro, in: Aus der Vergangenheit der Stadt Erfurt, N.F., H. 6, 1989, S. 86-97. [L-KB Erfurt 62a] (kopiert)

Schwarz, Erika Sophie: Ingenieure des Todes, in: Geschichte, Erziehung, Politik (GEP) 5 (1994) H. 4, S. 227-231. (kopiert)

Schwarz, Josef: Die linkssozialistische Regierung Fröhlich in Thüringen 1923. Hoffnung und Scheitern, Schkeuditz 2000.

Schwarzenberger, Eckhard: Topf & Söhne. Holocaust und Moderne, hg. v. DGB-Bildungswerk Thüringen e.V. u. Heinrich-Böll-Stiftung Thüringen e.V., 2., überarb. Aufl., Badenweiler 1999. (als Heft vorhanden)

Schwierz, Israel: Für das Vaterland starben. Denkmäler und Gedenktafeln für jüdische Soldaten in Thüringen, Aschaffenburg 1996.

Seit über 100 Jahren Hertie, hg. v. Vorstandsbüro der Hertie-Gruppe, Berlin 1991.

Sophianos, Sophos: Zur Entwicklung der Erfurter sozialdemokratischen Zeitung „Tribüne in der Weimarer Republik (1919-1933), Leipzig 1991. (Diplomarbeit) [StA Erfurt: 5/360 - S 26 auch S 21]

Stadler, Siegfried, Abgründiger Anger, in: FAZ vom 28.12.2000, S. 50.

Stadtbauwerk Erfurt, Berlin 1927.

Stein, Harry: Quellen zum antisemitischen Pogrom in Thüringen 1938, in: ZfG 10 (1988), S. 900-910.

Straßenverzeichnis der Stadt Erfurt, o.O., o.J. (etwa 60er Jahre). [L-KB, Erfurt 29] (mit Angaben zu Stadt- und Wahlkreisen)

Swirszuk, Karl-Heinz (Projektleiter): Juden in Rudolstadt, 2. Aufl., Rudolstadt 1999.

Synagogen im alten Erfurt. Erforschung, Erhaltung, Nutzung, Redaktion Antje Bauer u. Ulman Weiß, Erfurt 1995. [UB Erfurt NR 6395 K 64-1] (teilw. kopiert)

Thüringen-Handbuch. Territorium, Verfassung, Parlament, Regierung und Verwaltung in Thüringen 1920 bis 1995, hg. v. Bernhard Post u. Volker Wahl, Weimar 1999. [SUB: LS1] (teilw. kopiert)

Thuringia. 100 Jahre einer deutschen Versicherungsgesellschaft, Berlin/ Hannover 1953.

Topf, Bertram: Die Entwicklung der Chirurgie in Erfurt - 55 Jahre neue Chirurgische Klinik, Diss. Erfurt, Erfurt 1984.

Trautmann, Kurt: Wirtschaftsentwicklung, Koalitionsgestaltung und Arbeitskämpfe im Wirtschaftsgebiet Erfurt während der Jahre 1899 bis 1925, Diss. Halle-Wittenberg, Erfurt 1927.

Tribüne: Sondernummer 1929. [StadtA Erfurt: 3-800/17]

Trümper, Martina: Höhere Mädchenschulen in Erfurt und ihre Abiturientinnen im „Dritten Reich", in: Heiden/Mai (Hg.): Nationalsozialismus in Thüringen, Weimar u.a. 1995, S. 421-442.

Ulbricht, Justus H.: Die Moderne 1918-1933, in: Thüringen. Blätter zur Landeskunde, Erfurt 2000. (als Heft vorhanden)

Unort Brache: Topf (Ausstellungs-Katalog). [Kleine Synagoge]

Walter, Franz: Von der roten zur braunen Hochburg. Wahlanalytische Überlegungen zur NSDAP in den beiden thüringischen Industrielandschaften, in: Heiden/Mai (Hg.): Nationalsozialismus in Thüringen, Weimar u.a. 1995.

Walter, Franz/ Tobias Dürr/ Klaus Schmidtke: Die SPD in Sachsen und Thüringen zwischen Hochburg und Diaspora. Untersuchungen auf lokaler Ebene vom Kaiserreich bis zur Gegenwart, Bonn 1993.

Weinmann, Martin (Hg.): Das nationalsozialistische Lagersystem (CCP), XXX. (kopiert S. 230 u.637)

Weiß, Ulman (Hg.): Erfurt 742-1992. Stadtgeschichte, Universitätsgeschichte, Weimar 1992. [L-UB Erfurt 15] -> nichts konkret zum NS
Kiefer, Jürgen: Abriß der Geschichte der Akademie nützlicher (gemeinnütziger) Wissenschaften zu Erfurt in den Jahren 1754-1991, S. 441-459. (evtl. Kopieren, 441, 456-459)
Fleischmann-Bisten, Walter: Der evangelische Bund in Erfurt, S. 563-580. (evtl. kopieren 563, 572-577)
Menzel, Ruth und Eberhard: Die Erfurter Kunstgewerbeschule - Programm und Wirkung, S. 581-597. (einige verstreute Bemerkungen zum NS)
Trümmler, Hans: Zur Tätigkeit der Erfurter Akademie gemeinnütziger Wissenschaften zwischen den beiden Weltkriegen, S. 599-611. (evtl. kopieren)
Genthe, Hans Jochen: Die Evangelische Kirche in Erfurt 1945-1900, S. 613-634)
Drehmann, Lorenz: Zur Geschichte der Vereinigung „Heimattreuer Erfurter", S. 635-649). (einige Bemerkungen zum NS)

Weißbecker, Manfred: „So einen Arbeitseinsatz wie in Deutschland gibt es nicht noch einmal auf der Welt!" Fritz Sauckel - Generalbevollmächtigter für den Arbeitseinsatz, in:

Ulrike Winkler (Hg.): Stiften gehen. NS-Zwangsarbeit und Entschädigungsdebatte, Köln 2000. (als Buch vorhanden)

Wer war wer - DDR. Ein biographisches Lexikon. Hg. v. Jochen Cerný, Berlin 1992.

Wiegand, Fritz: Erfurt. Eine Monografie, Rudolstadt 1964.

Wiegand, Fritz: Das Stadtarchiv Erfurt und seine Bestände, 2., verb. Aufl., Erfurt 1962. [Stadtarchiv Erfurt; Stadtbücherei Erfurt]

Wohlfeld, Udo: Gefangen im Netz. Die Konzentrationslager in Thüringen 1933-1945, hg. v. der Geschichtswerkstatt Weimar, Weimar 2000. [Jena: Mag 2001 A 4995]

Wohlfeld, Udo: Das Konzentrationslager Nohra in Thüringen, in: Wolfgang Benz/ Barbara Distel (Hg.): Terror ohne System. Die ersten Konzentrationslager im Nationalsozialismus 1933-1935, Berlin 2001 (Geschichte der Konzentrationslager 1933-1945, 1), S. 105-121. [SUB Gö: LS 1: LFR 870:w=2002 A 17722]

Wohlfeld, Udo/ Falk Burkhardt: das Netz. Die Konzentrationslager in Thüringen 1933-1937, hg. v. der Geschichtswerkstatt Weimar-Apolda e.V., Weimar 2000 (Gesucht, 2). [Weimar HAAB: 163174 A]

Zabel-Langhenning, Rudolf: Zur antifaschistischen Tätigkeit Erfurter Ärzte, in: Beiträge zur Geschichte Thüringens, Erfurt 1968.

Zucht, Olaf: Feuer und Scherben. Die Pogromnacht 1938 in Erfurt, in: Stadt und Geschichte - Zeitschrift für Erfurt, 1 (1998) H. 1, S. 5-6. (als Heft vorhanden)

Zucht, Olaf: Die Geschichte der Juden in Erfurt von der Wiedereinbürgerung 1810 bis zum Ende des Kaiserreiches. Ein Beitrag zur deutsch-jüdischen Geschichte Thüringens, Diss. Uni Jena 1999 (unveröffentlicht). [SUB Gö: DISS 2000 B 290; THULB Jena:]

Zwangsarbeit in Südthüringen während des Zweiten Weltkriegs, Archivalisches Quelleninventar, hg. v. Thüringischen Staatsarchiv Meiningen, Meiningen 1995.